요한의 고백

The Confession of John

윤종수 성서 명상 시선

요한의 고백 The Confession of John

2019년 2월 15일 초판 1쇄 인쇄
2019년 2월 22일 초판 1쇄 발행

지 은 이 | 윤종수
펴 낸 이 | 김영호
펴 낸 곳 | 도서출판 동연
등   록 | 제1-1383호(1992. 6. 12)
주   소 | 서울시 마포구 월드컵로 163-3
전   화 | (02)335-2630
전   송 | (02)335-2640
이 메 일 | yh4321@gmail.com

ISBN 978-89-6447-461-7   03230
ISBN 978-89-6447-450-1   03230 (세트)

윤 종 수 성 서 명 상 시 선

요한의 고백

The Confession of John

동연

그를 통해 하늘을 보았고

그와 같이 광야를 걸었다.

그는 나의 전부였고

나는 그의 사랑이었다.

우리는 하나였다.

우리는 서로를 통해

삶의 희망을 느꼈다.

차례

1장
나타내소서

2장

선한 목자

3장

진리의 왕

4장

나의 주,
나의 하나님

프롤로그(Prologue)

평생 당신을 찾아왔습니다.
지금까지 내 인생의 화두가 바로 당신이었습니다.
수많은 사람들이 당신에게 목을 매고 있는데,
과연 당신은 누구입니까?

난 갈릴리의 랍비입니다.
어렸을 때부터 성서가 나의 책이었고, 회당이 나의 놀이터
였습니다.
식민지 가난한 땅에서 나는 성서를 통해서 하늘의 계시와
꿈을 받았습니다.
사람들은 먹을 것에 연연해서 성서를 멀리했지만,
나는 언제나 성서를 끼고 살았습니다.
열두 살에 벌써 예루살렘 랍비들과 성서를 가지고 논쟁을
할 정도였으니,
그 열심을 당신도 어느 정도 알 수 있을 것입니다.

난 신비의 명상가입니다.
예부터 우리 조상들은 무화과나무 밑에 앉아 하나님의 임
재를 기다렸습니다.
혼자일수록 외로울수록 어려울수록 그분은 가까이 계십
니다.
아무도 없는 광야의 바위 위에 앉으면
바람소리와 함께 그분의 음성이 들립니다.
폭풍이나 광풍이 아니라 성령의 바람 속에서
그분은 세미한 음성으로 말씀하십니다.

난 진리의 수행자입니다.
종교는 진리를 추구하는 수행자의 그룹입니다.
우리는 자신을 수행하고 갈고닦음으로 진리에 가까워질 수
있습니다.
나는 광야에서 40일을 금식하며
진리가 무엇이며 올바른 삶이 무엇인지를 궁구했습니다.
수행자는 먹을 것이나 부귀영화와 세상 영광을 찾는 것이
아니라
거룩한 성자의 삶을 추구합니다.

난 영성 치유자입니다.
사람들은 마음의 상처와 육신의 약함으로 곤고해하고 있습
니다.
마음에 기쁨이 없으면 육신도 연약해지고 어둠의 세력에
눌려버리게 됩니다.
두려움과 걱정, 원망과 불평 속에서 어찌할 바를 모르고 지
옥을 헤매고 있습니다.
하나님을 마음에 모시고 진리의 영으로 충만한 사람들은
믿음이 약한 자들을 올바른 길로 인도해주는 사명을 가집
니다.

난 하나님 나라의 운동가입니다.
내가 추구하는 것은 세상의 권력이 아닙니다.
정의와 자유와 평화가 지배하는 세상이 하나님의 꿈이며
나의 꿈입니다.
사람은 서로를 사랑하며 존중하고 하나님의 뜻을 따라 살
아야 합니다.
자기만 잘 먹고 다른 사람을 못살게 하는 사람은 우상숭배
자요 심판받을 자입니다.
하나님의 나라는 개인적 자유뿐만 아니라
정치적, 사회적, 경제적 정의가 실현되어야 하는 것입니다.

이 길은 쉬운 길이 아닙니다.
그러나 이 길은 필연의 길입니다.
좁은 길이지만 영원한 구원의 길입니다.
이 길을 걸어가는 자들은 항상 새로운 꿈을 꾸며 새로운 환
상을 봅니다.
그래서 이 길은 가진 자들의 자리를 위협하고 세상에 소요
를 일으키게 됩니다.
이렇게 살기 위해서는 세상에서 조롱과 멸시를 받고 십자
가를 질 수 있습니다.

그러나 걱정하지 마세요.
내가 먼저 세상을 이겼습니다.
불의는 진리 앞에서 반드시 정체가 드러납니다.
고난의 쓴 잔은 기필코 승리의 면류관으로 부활하게 될 것
입니다.

1 장

나타내소서

1. 말씀의 소리

태초에 소리가 있었다.
어둠을 밝히고
나를 있게 한
생명의 소리.

한 빛이 있었다.
그는 빛의 소리였다.
그 소리가 세상을 움직였다.
그가 노래를 부르고 있었다.

그 소리가 나를 불렀다.
나에게 오라.
빛을 얻으리라.
소리를 들으리라.

나는 그 소리를 들었다.
나는 일어서
그를 따랐다.
그것은 내게 임한 가장 큰 축복이었다.

언제나 나는 그 소리를 들었다.
자리에 앉으면

세상에 가득 찬
그 소리가 들려왔다.

오늘도 그 소리를 듣는다.
내가 세상에서 할 수 있는
가장 귀하고
가장 신비한 일.

그 소리를 건져 올린다.
영원의 깊은 곳에서
가슴으로 울려오는
생명의 진동.

그는 소리였다.
영혼을 살리고
역사를 창조하는
하늘의 말씀이었다.

태초에 말씀이 계시니라. 이 말씀이 하나님과 함께 계셨으니
이 말씀은 곧 하나님이시니라. John 1:1

2. 광야의 소리

언제부터인가
그는 거기에서
소리를 기다렸다.
그는 그곳을 좋아했다.

그는 소리가 아니었다.
다만 소리에 앞서 와서
그의 소리를 준비한
광야의 소리였다.

그는 먼저 마음을
깨끗하게 해야 했다.
너의 길을 돌이키라.
끝 날이 가까이 왔다.

그들은 그 소리를
들어야 했다.
듣는 자는 살아났고
살아난 자는 일어섰다.

무언가를 기다릴 때에는
행동으로 보여야 한다.

모든 것을 버리고 결단하지 않는다면
아무런 일도 일어나지 않는다.

우리가 그토록 기다리던
그 때가 되었다.
불타는 희망이 모이면
불이 일어난다.

그는 그것을 기다렸다.
무엇이든 자기의 자리에서 시작해야 한다.
그리고 끝까지
계속해야 한다.

그리하여 그는
소리가 되었다.
역사를 만들어내는
위대한 길이 되었다.

나는 선지자 이사야의 말과 같이 주의 길을 곧게 하라고 광야
에서 외치는 자의 소리로라. John 1:23

3. 어린 양

나는 선함을 믿는다.
다만 사람은
그가 본 것을
닮아가는 것일 뿐.

악함 속에 있으면
그것이 전부일줄 안다.
그것은 그가 진실을
보지 못했기 때문이다.

그렇기에 그는
신의 거울이다.
그 앞에 서면
자신을 보게 된다.

그를 볼 때마다
그의 거룩함을 닮아간다.
모든 것을 내어주고
죽음 앞에 서 있는

하나님의 어린 양.
아무런 저항의 몸짓도

어떤 악의도 보이지 않는
완벽한 순종이다.

세상의 모든 죄를
한 몸에 짊어지고
침묵으로 걸어가
제단 위에 선다.

우리 모두가
그를 따라간다면
우리의 세상은
하늘이 될 것이다.

그 희망을 가지고
오늘을 살아간다.
그것을 위해
지금 내가 존재한다.

이튿날 요한이 예수께서 자기에게 나아오심을 보고 이르되 보
라 세상 죄를 지고 가는 하나님의 어린 양이로다. John 1:29

4. 무엇을 구하느냐

소리를 찾아 걸어왔다.
천지를 꿰뚫고
우주를 여는
진리의 소리.

스승은 나를
그에게 보내셨다.
나의 길은 여기까지이니
그와 함께 너의 역사를 열라.

그때 그가 나를 부르셨다.
그리하여 그와 함께
소리를 찾아가는
나의 삶이 시작되었다.

그가 나에게 물으셨다.
무엇을 구하느냐?
무엇을 찾기 위해
나에게 나오는가?

내가 구하는 것은
무엇이었던가?

나는 무엇을 위해
기도를 올렸던가?

그의 자리는 어디일까?
그는 소리를 찾는 자였다.
그것은 나의 희망이었다.
그는 그곳에 계셨다.

우리는 같이
소리를 찾아갔다.
그와 함께한다는 것만으로도
나는 희망을 갖게 되었다.

누군가와 함께하는
그것만으로도
우리는 한줄기
웃음을 지을 수가 있다.

두 제자가 그의 말을 듣고 예수를 따르거늘 예수께서 돌이켜
그 따르는 것을 보시고 물어 이르시되 무엇을 구하느냐? 이르
되 랍비여 어디 계시오니이까? John 1:38

5. 나다나엘(Nathanael)

자기가 살아가는 자리에 의하여
인간은 결정되는 것일까?
높은 자리에 앉으면
높은 사람이 되는 것일까?

사실은 자리가
중요한 것이 아닐 것이다.
어디에서 살든지
정신이 그를 결정할 것이다.

하늘을 기다리는 사람은
소리를 듣게 될 것이고
땅을 바라보는 사람은
밥을 얻게 될 것이다.

누군가가 알아주고
누군가가 믿어준다면
그것으로 인해 그는
살맛을 느끼게 된다.

장수는 자기를 알아주는 주군을 위해
목숨을 바친다 하지 않는가?

끝까지 가능성을 믿어주는 그 한 사람으로 인해
사람은 희망을 갖게 되는 것.

그때에 우리는 폐허 속에서
한 송이 꽃을 피우게 되며
절망 속에서 다시 일어나
생명의 노래를 부르게 된다.

문제는
누가 마지막까지
희망을 버리지 않고
포기하지 않는가 하는 것이다.

그의 믿음으로 내가 살고
나의 믿음으로 그가 산다면
서로에 대한 믿음을 가지는 것이야말로
세상에서 가장 아름다운 일일 것이다.

나다나엘이 이르되 어떻게 나를 아시나이까? 예수께서 대답하
여 이르시되 빌립이 너를 부르기 전에 네가 무화과나무 아래
에 있을 때에 보았노라. John 1:48

6. 표적

아직은 나에게 시간이 있다.
나에게 주어진 시간으로
하늘의 뜻을
이루어야 한다.

결혼도 하고
밥도 먹고
잠도 자야 하겠지만
그 속에서 하늘을 보아야 한다.

물을 마시면서
포도주의 맛을 안다.
세상에 살면서도
하늘의 기쁨을 안다.

오늘도 나는
항아리에 물을 채운다.
그의 말을 따라
진리의 물을 채운다.

내가 채운 맑은 물은
하늘의 포도주가 되어

생명의 향기를
퍼트린다.

날마다 샘솟는 하늘의 물은
내 영혼을 적신다.
나의 항아리엔
어떤 물이 가득 차 있을까?

없어도 있는 것이고
있어도 없는 것을 안다면
그렇게 세상에서
괴로워하지는 않을 것이다.

역사는 찾는 것이 아니라
있는 것을 바꾸는 것이다.
쓴 물이 바꾸어져 향기가 되는 것,
그것이 세상에서 가장 놀라운 기적일 것이다.

예수께서 이 첫 표적을 갈릴리 가나에서 행하여 그의 영광을
나타내시매 제자들이 그를 믿으니라. John 2:11

7. 이 성전을 헐라

그가 온 것은
성전을 세우기 위함이었다.
주의 전을 사모하는 열심이
세상을 삼켰다.

이 성전을 헐라.
내가 사흘 동안에
다시 일으키리라.
그것은 자기 육체를 가리킨 말이었다.

그는 자기를 버림으로
새로운 성전을 세웠다.
자신이 바로
성전이 된 것이다.

성전이 거기에 있다면
모두가 거기로 가야할 것이지만
성전이 바로 나라면
모두가 자신에게로 돌아가야 할 것이다.

우리가 제일 먼저 해야 할 것은
보이는 성전을 헐어버리는 것이다.

헐지 않고는 세울 수 없으니
헐어버린 자만이 다시 세울 수가 있다.

하늘의 진리를 가리지 말고
우리의 몸으로
하늘의 성전을
세워야 한다.

그것이 나를 향하신
그분의 뜻이었다.
자기의 몸을 깨트려 보여주신
마지막 계시였다.

우리는 매일
계시를 받고
매일 성전을 세운다.
보이지 않는 정신을 세운다.

예수께서 대답하여 이르시되 이 성전을 헐라. 내가 사흘 동안
에 다시 일으키리라. John 2:19

8. 니고데모(Nicodemus)

육신으로는 안 되는 것이었다.
영으로 다시 태어나
하늘의 뜻을 따르는 것.
그것을 그는 거듭남이라 불렀다.

거기에 영생의 열쇠가 있었다.
육신은 쇠해지고
언젠가 사라지는 것이지만
영으로는 날마다 새로워지는 것이다.

만약 그것이 진실이라면
죽어 세상을 떠나는 것이
그렇게 슬퍼할 일은
아닐 것이다.

여기에서
천국과 지옥이 갈라지게 된다.
지금 천국이 장래의 지옥일 것이고
지금 지옥이 장래의 천국일 것이다.

무엇을 믿을 것인가는
자신이 결정해야 한다.

어떤 길을 걸을 것인가에
자신의 삶을 바쳐야 한다.

영으로 태어나
육의 삶을 청산하지 않는다면
무엇을 해도
썩어질 세상에서 벗어날 수 없는 것.

그리고 그 길이
영원한 생명을 얻는 길이라면
우리는 모든 것을 바쳐
그 길을 걸어야 하는 것이다.

사랑하는 아들아,
너는 너의 길을 가라.
나는 나의 길을 갈 것이니
자기의 삶은 자기가 사는 것이다.

예수께서 대답하여 이르시되 진실로 진실로 네게 이르노니 사
람이 거듭나지 아니하면 하나님의 나라를 볼 수 없느니라. John
3:3

9. 그 아들

처음부터 사람을
의지하면 안 되었다.
그는 그것을 아셨다.
그는 거기에 희망을 두지 않으셨다.

모든 희망은
자기에게 있는 것이다.
자기의 뜻을
어디에 두느냐에 달려있다.

누가 자기의 뜻을
알 수가 있겠는가?
밖에서 구하는 자는
영원히 그것을 얻을 수가 없을 것이다.

그가 하늘의 독생자라면
나도 또한 마찬가지이다.
우리는 모두
하늘의 유일한 아들이다.

나 외에 내가 없고
나 없이 세상이 없는 것.

나는 나의 삶을 사는 것이고
너는 너의 삶을 사는 것이다.

사람은 모두 자기의 삶으로
자기의 열매를 맺게 된다.
그리고 그 열매로
결과가 가려진다.

빛과 어둠은
같이 살아가지 못하니
빛은 빛을 사랑할 것이고
어둠은 어둠을 좋아할 것이다.

악을 행하는 자는
빛으로 나오지 아니하니
이는 그 행위가 드러날까 함이요
빛으로 오는 자는 빛을 따라 살아갈 것이다.

하나님이 그 아들을 세상에 보내신 것은 세상을 심판하려 하
심이 아니요 그로 말미암아 세상이 구원을 받게 하려 하심이
라. John 3:17

10. 참 사람

여자가 낳은 자 중에
그보다 위대한 자가 없었다.
자기가 서야 할 자리를 알았던 사람.
자기가 이루어야 할 목표를 가졌던 사람.

그의 사명은
거기까지였다.
나는 쇠하여야 하고
그는 흥하여야 하리라.

나는
그의 길을 곧게 하고
그의 오실 길을 예비하는
광야의 소리로라.

하늘에서 주시지 아니하면
사람이 아무것도
받을 수가 없는 것.
세상 죄를 지고 가는 하나님의 어린양이로다.

나는 그의 신발 끈도
풀 수가 없는 존재이다.

나는 물로 세례를 주겠지만
그는 성령과 불로 세례를 줄 것이다.

오늘과 내일은
여우의 날이겠지만
그날이 오면
서로가 물고 찢으리라.

나는 그리스도가 아니요
그의 앞에 보내심을 받아
그의 길을 비추는 등불일 뿐.
이것이 나의 최고의 기쁨이다.

신부를 취하는 자는 신랑이고
신랑의 음성을 듣는 친구들은
크게 기뻐할 것이니
나는 이 기쁨으로 충만하노라.

요한이 대답하여 이르되 만일 하늘에서 주신 바 아니면 사람
이 아무 것도 받을 수 없느니라. John 3:27

11. 사마리아(Samaria)

목마른 땅이다.
천대받고 멸시받아
가슴에 가득 찬 한이
꿈틀거리고 있다.

그것이 그의 힘이다.
그것이 폭발할 때마다
뜨거운 용암이 분출된다.
그것은 살아있는 정신이다.

목마른 자만
물을 찾게 된다.
배가 부른 자는
역사의 변혁을 원치 않는다.

자기 배를 두드리며
먹이를 가득 채운 창고에 들어앉아
분단의 장벽을 만들고 있다.
그 속에서 썩어가고 있다.

그것이
그들의 술책이다.

편을 갈라 나누면
그만큼 약해지는 것.

세상의 욕망이라는 것은
끝이 보이지 않는다.
밑 빠진 독에
물을 붓는 것이다.

그 잔치가 끝나면
언제나 진리를 향한
공허가 올라온다.
그것이 그의 심판이다.

그리고 그것은 또한
진리를 향한
하늘의 부르심이다.
목마른 자만 샘을 판다.

내가 주는 물을 마시는 자는 영원히 목마르지 아니하리니 내
가 주는 물은 그 속에서 영생하도록 솟아나는 샘물이 되리라.
John 4:14

12. 참 예배

그것이 신성의 현존 앞에
무릎을 꿇는 것이라면
우리의 예배는
보다 더 거룩해야 한다.

그것이 영과 진리를 따라
살아가는 것이라면
우리의 예배는
장소를 넘어서야 한다.

우리의 예배가
생명의 주를 따르고
세상의 한가운데에서
하늘의 뜻을 이루는 것이라면

우리는 보다 진실하게
말을 하고
노래를 부르며
주어진 시간을 살아가야 한다.

우리는 삶으로 신앙을 고백하며
삶에서 예배를 드려야 한다.

그것이 우리가 걸어야 할
하늘의 길인 것이다.

그렇게 살아서는 안 된다.
그렇게 함부로
그렇게 쉽게
발걸음을 내디딜 수는 없다.

입으로는 생명의 노래를 부르며
삶으로는 죽음의 노래를 부를 수 없다.
가던 길을 멈추고 부르던 노래를 그쳐야 한다.
역사의 수레바퀴를 그에게로 돌려야 한다.

마음에 있는 노래를 부를 수밖에 없고
마음에 있는 것을 예배할 수밖에 없다.
마음에 가득한 것이
입으로 나오는 것이기에…

아버지께 참으로 예배하는 자들은 영과 진리로 예배할 때가
오나니 곧 이 때라. 아버지께서는 이렇게 예배하는 자들을 찾
으시느니라. John 4:23

13. 양식

먹어야
살 수가 있다면
우리는 밥을 먹었고
그는 하늘을 먹었다.

미쳐야
미칠 수 있다면
우리는 세상에 미쳤고
그는 영혼에 미쳤다.

그는 하늘을 보았고
우리는 땅을 보았다.
우리는 보이는 것을 보았고
그는 보이지 않는 것을 보았다.

그가 살아가는 이유는
하늘의 뜻을 이루는 것이었다.
그가 숨을 쉬는 목적은
하늘의 소리를 듣는 것이었다.

여기에서
우리의 삶은 갈라졌다.

우리는 육신의 눈을 떴고
그는 마음의 눈을 떴다.

그는 하늘의 궁전에서 살았고
우리는 땅의 움막에서 살았다.
그의 거처는 영원한 자유였고
우리의 거처는 시멘트 감옥이었다.

그는 좁은 길을 택했고
우리는 넓은 길을 택했다.
그는 십자가의 길을 걸었고
우리는 탐욕의 길을 걸었다.

그러나 진정한 기쁨은 광야에서 온다는 것.
욕망의 도시에서는 하늘의 별을 볼 수 없다는 것.
그는 그것을 알았고
우리는 그것을 알지 못했다.

14. 두 번째 표적

그들은 기적을 보지 못하면
도무지 믿지 않는다.
사는 것이 기적임을
알지 못한다.

그들은 표적을 찾지만
사랑 아닌 것이 없고
표적 아닌 것이 없다.
모든 것이 사랑의 표적이다.

한때 그가
세상에 오셔서
자기 사람들과 함께
살아가셨다는 것.

영원히 그가
우리와 함께하신다는 것.
지금도 우리의 가슴에
살아계신다는 것.

우리는 오늘도
그 기억으로 살아간다.

그리고 그 기억은 지금
우리의 믿음이 되었다.

믿음으로 살아가며
믿음으로 나아갈 때
거기에서 기적의 역사가 일어난다.
이것이 우리에게 주신 두 번째 표적이다.

삶이 어떻든 우리는
그 믿음으로 살아간다.
믿음이 없이는 우리는
한순간도 살 수가 없다.

믿고 가는 것이다.
믿음으로 일어서는 것이다.
나머지는 모두
하늘에게 맡기는 것이다.

예수께서 이르시되 가라, 네 아들이 살아있다 하시니 그 사람
이 예수께서 하신 말씀을 믿고 가더니. John 4:50

15. 베데스다(Bethesda)

내가 있어야 할 자리는
그곳이 아니었다.
자비의 집에 자비가 없었고
하나님의 집에 하나님이 없었다.

아무도 나를
돌아보지 않았다.
모두가 자기에게만
관심이 있었다.

그들은 자기의
하나님만 찾고 있었다.
거기에선 오직 한 사람만
살아남을 수가 있었다.

바로 그때
그가 내게 오셨다.
사랑의 음성으로
나를 부르셨다.

네가 낫고자 하느냐?
일어나

네 자리를 들고
걸어가라.

나는 자리를 들고
일어섰다.
더 이상 그 자리에
있을 수가 없었다.

어차피
하늘에서 왔다가
하늘로 돌아가는 존재이니
무엇에 미련이 남아 있겠는가?

걷지 않으면 썩어질 것이니
숨을 쉬고 살아있는 한
매일 자리를 걷고 일어나
그의 길을 걸어야 할 것이다.

예수께서 이르시되 일어나 네 자리를 들고 걸어가라. John 5:8

16. 내 아버지

내 아버지께서 걸으시니
나도 걷는다.
그는 지금 역사의
한가운데를 걷고 계신다.

내 아버지께서 일하시니
나도 일한다.
그는 지금 민중 속에서
피를 흘리고 계신다.

생명의 고난을 나누기 위해
그는 너무 아프시다.
아버지가 하는 대로
나도 하고 싶었다.

무엇이 무서워
길을 걷지 못하겠는가?
무엇이 못 미더워
가던 길을 멈추겠는가?

걸리는 자는
거기에 그대로 있는 것이요

넘어가는 자는
새로운 세계를 사는 것이다.

먹이사슬의 꼭대기나
먹이들의 밑바닥이나
노예로 사는 것은
마찬가지이다.

아버지의 뜻을 거역하고
배신의 시대를 살아가는 자들.
아버지를 모르는 자들이
아버지의 일을 방해한다.

아버지의 옆에 있는 것만도
나는 너무 좋다.
내 아버지가 거기에 계시니
나도 지금 그곳으로 간다.

예수께서 그들에게 이르시되 내 아버지께서 이제까지 일하시
니 나도 일한다. John 5:17

17. 듣는 자

어디서든지
그의 소리를 듣는다.
그것이 나의 삶이며
그것이 나의 일이다.

언제나 나는
그 소리를 기다렸다.
기다린다는 것은
거룩한 일이다.

나를 살아나게 하고
내 존재에 의미를 부여하는
생명의 소리.
역사의 소리.

자리에 앉을 때마다
길을 걸어갈 때마다
그 소리가 들려온다.
그 소리로 들어간다.

소리를 들을 때마다
나는 단호하게

자리를 떨치고 일어나
그 소리를 따른다.

아무도 나를
막을 수 없다.
이것이 나를 새롭게 하는
내 삶의 혁명이다.

살아있기 위해
죽은 자 가운데서
일어나기 위해
거기에 목숨을 건다.

목숨을 걸 수 있는 것이
이 세상에 있다는 것,
그리고 그것을 아름답다고 느끼는 것,
이것이 내가 살아있는 삶의 진실이다.

진실로 진실로 너희에게 이르노니 죽은 자들이 하나님의 아들
의 음성을 들을 때가 오나니 곧 이 때라. 듣는 자는 살아나리라.
John 5:25

18. 증언

사람의 증언이
필요치 않았다.
하늘이 그를 증언했고
역사가 그를 증언했다.

그가 살아간 삶이
그의 증언이었다.
그는 말이 필요 없는
세계를 살아갔다.

십자가와 부활,
생명의 대한 사랑이
그를 증언했다.
무엇이 더 이상 필요하단 말인가?

사람에게 보이는 것이
그의 뜻이 아니었다.
그렇게 살아간다면
얼마나 비참한 삶을 살아갈 것인가?

하늘의 뜻을 이루고
자기의 삶을

역사에 던지는 것이
그가 세상에 온 목적이었다.

우리도 그렇게 살면
되는 것이었다.
이것이 그를
증언하는 것이었다.

사람에 휘둘리고
상황에 따라 흔들린다면
그는 아직도 먼 길을
가고 있는 것이다.

얼마나 더 흔들려야
남아있는 삶의 길을
걸어갈 수가 있을 것인가?
이제 그만 하늘의 길을 걸어가라.

나를 위하여 증언하시는 이가 따로 있으니 나를 위하여 증언
하시는 그 증언이 참인 줄 아노라. John 5:32

19. 산으로

병정놀이를 그만두라.
죽었다가 살아나고
다시 부스스 일어나
또 그곳으로 돌아가는

살인놀이를 그치라.
교활한 웃음을 흘리며
이웃의 고통을 관음하는
사탄의 화인을 맞은 자들.

어림도 없는 소리다.
내가 너희의 광대가 되어
그런 짓거리에
놀아날 줄 알았더냐?

나는 타락한 양심을 알고 있다.
너희들이 지난여름에
뜨거운 햇볕 아래에서
벌였던 일이 무엇이냐?

자리다툼을 그만하라.
자리가 높아지면

땅이 낮아지더냐?
하늘이 그만큼 높아지는 것이냐?

자신을 알고
하늘을 아는 것이
구원의 시작이로되
그것이 영생의 문이로다.

나는 나의 길이 있으니
나를 막지 말라.
내가 그 길을 걸어가도록
나를 홀로 두라.

내가 나의 길을 가듯
너는 너의 길을 가라.
저 산이 저리 높이 달리듯
너도 높이 올라 달려야 할 것이라.

예수께서 그들이 와서 자기를 억지로 붙들어 임금으로 삼으려
는 줄 아시고 다시 혼자 산으로 떠나가시니라. John 6:15

20. 영생의 양식

그렇게 나에게
찾아오는 이유가 무엇이냐?
무엇을 얻고자
나에게로 나오느냐?

하늘의 표적이냐?
육신의 양식이냐?
먹고 배를 두드리며
무엇을 하려느냐?

나를 위한다고
아무것도 하지 말라.
나는 너희의 일이
필요하지 아니하다.

그것이
너를 위한 것인지,
나를 위한 것인지,
분명하게 구별하라.

악한 세상의
얼어붙은 땅에서

아무도 부르지 않는
생명의 이름을 부르라.

아무도 믿지 않는
생명의 역사를 믿으라.
너희의 믿음으로
역사가 바뀌리라.

먹어도 또 먹어도
계속 먹어야 하는
밑 빠진 항아리에서
너의 손을 거두라.

영원한 양식이 되는
하늘의 일을 구하라.
그것이 너를 어둠 속에서
건져 올리게 되리라.

썩을 양식을 위하여 일하지 말고 영생하도록 있는 양식을 위
하여 하라. John 6:27

21. 생명의 떡

나와 함께
나의 자리에서
내가 지은
하늘의 밥을 먹으라.

먹어도
또 먹어야 하는
끝없는 갈망의
밥이 아니라

한 번 먹고
깨달음을 얻으면
언제나 살아 역사하는
영원의 밥이 있으니

너의 모든 문제를
단번에
사라지게 할
화통의 복음이라.

광야를 흘러
깊은 땅 속에서

용솟음쳐 터져 나온
그 물을 마시라.

터져야 하리라.
기쁨이 터지고
막힘이 터져
거침이 없는 세계로 나아가라.

그리고 마지막엔
나까지 먹어야 하리라.
내가 졌던 십자가의 살을 먹고
내가 흘렸던 피를 마셔야 하리라.

그것이 너와 내가 상관이 있는
공동의 운명이 되는 것이고
그것이 너와 나를 연결하는
영혼의 끈이 되는 것이리라.

예수께서 이르시되 나는 생명의 떡이니 내가 오는 자는 결코
주리지 아니할 터이요 나를 믿는 자는 영원히 목마르지 아니
하리라. John 6:35

22. 영생의 말씀

하나 둘 모두
나를 떠나갔다.
세상이 주는 밥을 먹기 위해
그들의 길로 걸어갔다.

그들이 원하는 것은
그것이 아니었다.
그들이 원하는 것은
과연 무엇이었던가?

그들은 무엇을 얻기 위해
나에게 찾아왔던가?
그것이 그들이 원하는
전부였던가?

그들은 내가 지은
밥을 먹지 않았고
내가 주는 물을
마시지 않았다.

그들은 일하지 않고
먹기를 원했으며

가만히 앉아서
기적을 기다렸다.

그것이 그들의 능력이었고
그것이 그들의 축복이었다.
눈에 보이는 것이
그들의 전부였다.

나를 팔아서
영광을 구했고
내 이름을 빌어
영원을 갈망했다.

하지만 나는
그들의 길을 갈 수가 없다.
한 번밖에 없는 나의 삶을
그렇게 보낼 수는 없는 것이다.

시몬 베드로가 대답하되 주여, 영생의 말씀이 주께 있사오니
우리가 누구에게로 가오리이까? John 6:68

23. 나타내소서

진주는 땅속에서도 진주이며
보석은 어차피 그 빛이 드러나게 됩니다.
하니 이제 그만
당신을 세상에 나타내소서!

당신을 보여주소서!
당신을 증거하소서!
무언가 나타나야만
사람들이 알지 않겠습니까?

소도 부빌 언덕이
있어야 합니다.
아무것도 없는데
무엇을 할 수 있겠습니까?

기회는 스스로
만들어가는 것입니다.
천국은 침노하는 자의 것이라
하지 않으셨습니까?

지금입니다.
때가 되었습니다.

승리는 누가 거저 가져다주지 않습니다.
앉아서 기다릴 수만은 없지 않습니까?

지렁이도 밟으면
꿈틀대는 것입니다.
나비의 날개 짓 하나가
태풍을 일으키는 것입니다.

우리가 힘을 합하면
못할 것이 없습니다.
하늘은 스스로 돕는 자를
돕는다 했습니다.

이제 시작합시다.
칼을 뽑읍시다.
죽어야 사는 것입니다.
죽어도 사는 것입니다.

내 때는 아직 이르지 아니하였거니와 너희 때는 늘 준비되어
있느니라. John 7:6

24. 어디에서

너희는 땅에서 왔지만
나는 하늘에서 왔다.
너희는 배워서 알지만
나는 통찰에서 안다.

내 교훈은 내 것이 아니요
나를 보내신 이의 것이니
내가 누구에게 허락을
받아야 하는 것이냐?

너희가 그렇게 말한다고
내가 그렇게 되는 것이 아니고
너희가 그렇게 생각한다고
내가 그렇게 되는 것이 아니다.

너희가 나를 욕한다고
내가 욕을 먹는 것이 아니고
너희가 나를 저주한다고
내가 저주를 받는 것이 아니니

흔들리지 않고
피는 꽃이 없다 하지만

바위 위에 피어나는 꽃이
더 귀한 법이다.

너희가 나를 십자가에 못 박는다고
내가 사라지는 것이 아니고
너희가 나를 죽인다고
내 영혼까지 죽일 수는 없는 것이니

내가 나를 말하지 않고
하늘이 나를 말하게 한다.
그러하니 내가
누구를 무서워하겠느냐?

불같이 부르르 화내지 말고
거품같이 푸르르 일어서지 말라.
묵묵히 너의 길을 걸어가며
조용히 하늘의 뜻을 기다리라.

사람이 하나님의 뜻을 행하려 하면 이 교훈이 하나님께로부터
왔는지 내가 스스로 말함인지 알리라. John 7:17

25. 생수의 강

너희의 배에서
생수의 강이 흐르느냐?
한 번 마시면 영원히 목마르지 않는
진리의 강.

한 번
깨달음을 얻으면
우주로 들어가는
하늘의 강.

수많은 존재들이
삶의 이유를 찾고
살아갈 터전이 되는
생명의 강.

아무것에도 걸리지 않고
자유로 넘나들어
평화에 이르는
구원의 강.

성령으로 난 사람은
이와 같으니

하늘이 그를 막을 수 없고
땅이 그를 누를 수 없다.

어디든지
가고 싶은 곳을 넘나들며
가는 곳마다
생명의 역사를 일으키니

강은 흘러야 하고
비는 내려야 하며
태양은 비쳐야 하고
바람은 불어야 한다.

구름이 모이면
비를 내리게 하며
진리가 드러나면
하늘이 열릴 것이다.

26. 심판

그를 잡으러 온 자들이
오히려 그를 증거했다.
그에게 감동을 받아
진실을 세상에 알렸다.

이 사람이 말하는 것처럼
말한 사람은
이때까지
없었나이다.

누가 오실지라도
그 행하실 표적이
이 사람이 행한 것보다
더 많으리이까?

그러나 그들은 이미
모든 것을 가진 자들이었다.
세상에 아무것도 부족한 것이 없었다.
그들은 이대로가 좋았다.

너희들도 미혹되었느냐?
높은 자리에 오른 자들 중에

그를 믿는 자가 있더냐?
자리에 오르고 싶거든 너희도 조심하라.

우리의 법이
바로 하늘인 것이다.
우리의 법을 알지 못한 자들은
저주를 받은 자들이다.

어차피 세상은
진실을 원하지 않는다.
가진 자와 가지지 못한 자들의 싸움이다.
승부의 역학에 의해 역사는 갈라진다.

그렇게 세상은 흘러간다.
다만 내가 어디에 서 있을 것인가는
내가 선택하는 것이다.
누가 진정으로 역사를 미혹하는 것인가?

우리 율법은 사람의 말을 듣고 그 행한 것을 알기 전에 심판하
느냐? John 7:51

2 장

선한 목자

27. 죄 없는 자

그것은 무죄가 아니라
판결을 유보하는 것이다.
우리 중에 아무도
그를 판단할 자격이 없다.

그에게 기회를 주는 것이다.
회개할 기회.
다시 시작할 기회.
새롭게 결단할 기회.

누가 그에게 돌을 던질 수 있겠는가?
흠이 없는 사람이 어디에 있겠는가?
우리는 다 똑같은
죄인인 것을.

무서운 일이다.
인간이 인간을 정죄하는 것.
그를 십자가에 못 박는 것.
서로가 서로를 죽이는 것.

그런 일을 행하고도
하늘 아래에서

두 발을 뻗고
잠을 잘 수가 있다는 것.

자신을 돌아보아야 한다.
그리고 가슴을 치며
책임을 느껴야 한다.
우리를 용서하소서!

일말의 동정심이 없다면
그는 인간이기를 거부한 것이다
그것은 금수의 길이며
패거리의 길이다.

손가락질하는
한 개의 손가락에
사악한 죄성이 들어있다.
나머지 손가락은 모두 자신을 향하게 된다.

이에 일어나 이르시되 너희 중에 죄 없는 자가 먼저 돌로 치라.
John 8:7

28. 판단

아직도 거기에 있는가?
정죄하고
판단하고
자신을 합리화하는 것.

언제까지 거기에 있겠는가?
높은 자리.
낮은 자리.
부정한 자리.

내가 만지면
거룩하게 되고
남이 만지면
더러워지는가?

아직도 거기에
머물러 있는가?
바람이 불면 바람이 나고
비가 내리면 우울해지는가?

해가 뜨면
뜨거워지고

해가 지면
캄캄해지는가?

해는 져본 적이 없고
바람은 머문 적이 없다.
인생은 무상하고
세월은 유상하다.

내가 내 안에 있으면
결코 흔들리지 않는 것.
내가 우주의 중심이라면
기분에 좌우되지 않을 것.

사람아,
그대는 지금 어디에 있는가?
세상에 한 번 나오게 되었다면
하늘 아래 제대로 살아야 할 것이다.

너희는 육체를 따라 판단하나 나는 아무도 판단하지 아니하노
라. John 8:15

29. 위에서

그는 위에서 놀고
나는 아래에서 논다.
그것은 삶을 살아가는
차원의 문제였다.

그는 위에서 왔고
나는 아래에서 왔다.
그것은 존재의 근원을
찾아가는 것이었다.

그는 초월의 세계를 추구했고
나는 욕망의 세계를 추구했다.
그와 나는 삶의 목적이 달랐다.
하여 우리의 삶은 결과가 달랐다.

나는 땅속으로 돌아갈 것을 생각했고
그는 하늘로 돌아갈 것을 생각했다.
우리의 삶을 마치면 무엇이 이루어질까?
우리의 삶이 완성되면 무엇이 남게 될까?

물은 위에서 흐르고
바람은 아래에서 분다.

물과 바람이 만나 하나가 될 때
역사는 앞으로 나아가게 되는 것.

나는 위로 올라가고
그는 아래로 내려온다.
나는 밑바닥 돌을 들어올리고
그는 하늘의 불을 가지고 내려온다.

나는 올라갈 때 희열을 얻고
그는 내려올 때 생명을 얻는다.
내가 올라가기를 멈추면 죽음이 오고
그가 내려오기를 멈추면 제왕이 된다.

나는 아래에서 계시를 받아 적고
그는 하늘에서 계시를 불태운다.
나는 순간에서 영원을 찾고
그는 영원을 순간으로 만든다.

예수께서 이르시되 너희는 아래에서 났고 나는 위에서 났으며
너희는 이 세상에 속하였고 나는 이 세상에 속하지 아니하였
느니라. John 8:23

30. 제자

그는 깊은 눈을 가졌고
흔들림 없는 자세가 나왔다.
하늘의 기품이 내려왔고
땅의 깊음이 올라왔다.

아무런 소유가 없지만
모든 것을 가졌고
아무것도 하지 않지만
모든 것을 이루어 냈다.

세상의 어떤 것도
두려워하지 않으며
거칠 것도 막힐 것도 없는
진정한 자유인이었다.

끝없이 도전하며
하늘의 길을 걸어가는
영원의 순례자요,
희망의 전달자였다.

그것이면 족한 것이다.
그렇게 살고 싶었다.

그렇게 죽을 수 있으면
후회가 없는 것이었다.

사람이 세상에 태어나
한 번 살아가는 것이거늘
무엇을 따르며
무엇을 위해 살아갈 것인가?

먹을 것을 위해
쓰레기를 뒤지며
욕망의 무덤을 찾아
세상을 헤매고 싶지는 않았다.

무언가 하늘의 경지를 얻어
역사에 비치는 족적을 남기며
영성의 성취를 이루고 싶었다.
인생의 작품을 남기고 싶었다.

너희가 내 말에 거하면 참으로 내 제자가 되고 진리를 알지니
진리가 너희를 자유롭게 하리라. John 8:31

31. 하늘의 사람

하늘의 사람은
하늘의 길을 가고
땅의 사람은
땅의 길을 간다.

하늘의 사람은
하늘의 말을 하고
땅의 사람은
땅의 말을 한다.

하늘의 사람은
하늘의 일을 하고
땅의 사람은
땅의 일을 한다.

하늘의 사람은
하늘을 생각하고
땅의 사람은
땅을 생각한다.

하늘의 사람은
하늘을 보고

땅의 사람은
땅을 본다.

하늘의 사람은
하늘의 말을 듣고
땅의 사람은
땅의 말을 듣는다.

하늘의 사람은
하늘이 희망이고
땅의 사람은
땅이 희망이다.

하여 하늘의 사람은
죽어도 살고
땅의 사람은
살아도 죽는다.

32. 나의 때

이제 당신의
때가 되었습니다.
우리는 더 이상
기다릴 수가 없습니다.

우리는 하늘을 바라보는
슬픈 짐승이 되었습니다.
눈물은 말라버리고
희망은 끝이 나버렸습니다.

너무 아프면
세상을 끝내고 싶은 것입니다.
아무것도 붙잡을 것이 없으면
손을 놓아버리는 것입니다.

그러하니 지금이 바로
당신이 일할 때입니다.
당신이 일하시지 않으면
하늘은 밝아오지 않습니다.

우리가 기도를 멈추고
하늘에 눈을 감아 버리면

당신의 시간은
사라져 버립니다.

가장 어둡고
가장 추운 역사의 새벽,
그때가 바로 당신이
불을 밝힐 때입니다.

당신이 불태운
그 영혼의 불로
우리의 하늘은 열리고
생명의 세상이 보였습니다.

우린 당신의 뒤를 따라
십자가의 행렬을 지어
어둠을 뚫고 일어섰습니다.
그때 하늘의 기쁨이 내려왔습니다.

너희 조상 아브라함은 나의 때 볼 것을 즐거워하다가 보고 기
뻐하였노라. John 8:56

33. 하나님의 일

그때 나는
그것을 알았습니다.
그것은 나의 죄 때문이 아니라
하늘의 일을 나타내고자 하는 것임을…

나의 아픔도 당신에겐
영광이 되었습니다.
그것 때문이라면 어떤 고통도
견뎌낼 수 있었습니다.

그들은 하늘의 저주로 이렇게 되었다고
손가락질을 하고 있었습니다.
그것이 나에게는
더 큰 아픔이었습니다.

이제 나에게서
당신의 하실 일을 나타내십시오.
당신의 영광을 따라
생명의 노래를 부르게 하십시오.

모든 것을 벗어버리고
당신을 따르게 해주십시오.

하늘을 바라보며
남은 삶을 살아가게 해주십시오.

나에게 새로운 삶이 부여된다면
당신을 위해
나의 모든 것을
바치겠습니다.

어차피 죽은 목숨이오니
무엇이 아깝겠으며
어차피 버린 인생이오니
무엇에 희망을 걸겠습니까?

당신의 한 마디에
모든 저주가 풀어졌으며
당신이 선포하신 축복으로
새 하늘이 열리게 되었으니…

이 사람이나 그 부모의 죄로 인한 것이 아니라 그에게서 하나
님이 하시는 일을 나타내고자 하심이라. John 9:3

34. 실로암(Siloam)

하늘의 부름을 받은 사람은
영혼의 눈을 떠야 한다.
그가 깨울 세상을
보아야 한다.

존재의 이유를 가진 사람은
소명을 가진 사람이다.
뜻을 이루기 전에는
죽을 수가 없다.

역사의 진실을 본 사람은
거기에 자신을 던진다.
자신을 던진 자만이
생명을 가지게 된다.

그러하니
어찌 눈을 감은 채,
하늘의 길을
걸어갈 수 있겠는가?

그것 때문에
그는 먼저

내 눈을 열어주신 것이다.
실로암에 가서 씻으라.

세상으로 나가기 전에
우리는 먼저
그 소리를 들어야 한다.
소리를 들은 자는 살아날 수가 있다.

하늘의 소리를 들은 자는
거기에 자신을 던지게 된다.
자신을 던질 때에
부활이 일어나는 것.

하여 나는 날마다
실로암에 가서 눈을 씻는다.
그리고 거기에서
하늘의 소리를 듣는다.

그 사람이 진흙을 이겨 내 내 눈에 바르고 나더러 실로암에 가서 씻으라 하기에 가서 씻었더니 보게 되었노라. John 9:11

35. 내가 믿고자 하나이다

나는 그를 믿고 싶었다.
나의 역사에 그를 부활시키고 싶었다.
내가 믿으면
혁명이 일어날 것이다.

그동안 쌓인 나의 한이 폭발한다면
어떤 결과를 가져올 것인가?
내가 드린 기도가 땅에 내려온다면
어떤 일들이 일어날 것인가?

아무도 나를 일으키지 못했지만
그는 나의 눈을 뜨게 하셨다.
절망의 어둠 속에서
나를 일으키셨다.

아무도 그를 믿지 않았다.
그들은 모두 자기의 신을 믿고 있었다.
밥통과 욕망의 신.
허영과 번영의 신.

그렇게 자신을 팔아서
구차한 목숨을 유지한들

무엇을 남길 수 있을 것인가?
거룩은 그들의 것이 아니었다.

그들은 자기의 역사를 알지 못했다.
오로지 눈앞에 보이는
탐욕에 눈이 멀어
멸망의 길을 걸어갔다.

나는 그 믿음을 보여 주고 싶었다.
진리를 알고
하늘의 길을 걸어간다면
진정한 생명을 얻을 수 있다는 것을.

마음을 열고 눈을 열면
하늘이 내려온다는 것을.
그리고 그와 하나 되어
영원의 삶을 살게 된다는 것을.

주여, 그가 누구시오니이까? 내가 믿고자 하나이다. John 9:36

36. 양의 문

그의 소리를 듣는 자는
그의 문으로 들어간다.
사람은 자기가 바라는
문으로 들어가게 된다.

우리에게 일어난 모든 일은
다 자기가 만든 것이다.
사람은 자기가 기도한 것을
먹게 된다.

문제를 구한 자는
해결을 얻게 되고
하늘을 구한 자는
초월을 얻게 된다.

문제가 지나면
해결이 오고
해결을 넘어서면
또 문제가 찾아오는 것.

문제가 있는 사람은
문제가 있는 땅에서 사는 것이고

문제가 없는 사람은
문제가 없는 땅에서 사는 것이다.

똑같은 삶을 살아가고
같은 하늘 밑에서 살아가도
다른 차원의 삶을
살아가는 것이다.

도적은 도적질로 살아가고
제자는 수행으로 살아간다.
같이 살아간다고
같은 삶이겠는가?

오늘도 나는 그를 따라
그의 문으로 들어간다.
그의 소리를 듣는 자는
그와 함께 걸어간다.

내가 진실로 진실로 너희에게 이르노니 나는 양의 문이라. John
10:7

37. 선한 목자

울어라.
소리를 지르라.
목소리를 높이라.
그의 죽음을 슬퍼하라.

일어나
그의 뜻을 따르라.
잠자는 자 가운데서 깨어나
그가 가신 길을 걸으라.

누더기를 벗어버리고
위선과 가식을 던져버리고
너의 몸으로
생명을 노래하라.

목자는 목자의 길을 가고
도적은 도적의 길을 간다.
양은 목자의 음성을 듣고
야수는 죽은 시체를 뜯는다.

그의 죽음을 슬퍼하고
생명의 삶을 기뻐하는 것.

그렇게 노래를 부르면
역사가 일어날 것이다.

다만 우리는
눈을 크게 뜨고
숨을 멈추지 않고
노래를 부르는 것뿐.

그렇게 노래를 부르다
십자가에서 죽는 것이다.
그러면 다시 살아나
역사의 현장으로 부활하는 것이다.

버리는 자는 살아나고
진정한 자유를 얻게 되는 것.
이것이 그가 마지막까지 불렀던
생명의 노래인 것이다.

나는 선한 목자라. 선한 목자는 양들을 위하여 목숨을 버리거
니와. John 10:11

38. 밝히

역사에 한 번은
불을 밝혀야 합니다.
변방에서 중심으로
나아가야 합니다.

이제는 생수를
터트려야 하고
사막에서 꽃을
피워야 합니다.

흘러가는 강물에서
사금을 채취하고
검은 강물에서 보석을
주워 올려야 합니다.

우리의 힘으로
생명의 역사를 일으켜야 합니다.
우리의 기도로
하늘의 문을 열어야 합니다.

그리하여
강이 거꾸로 흐르고

땅 위에 내리는 비가
역사의 강물이 되어야 합니다.

언젠가 한번은
그렇게 해야 합니다.
우리가 세상을 떠나기 전에
마지막 기도를 올려야 합니다.

꼬리를 내리지 말고
돌려서 말하지 말고
당신의 뜻을 분명히
밝혀야 합니다.

무언가 끝을 맺어야 합니다.
되든지 아니 되든지
한번 해봐야 합니다.
나머지는 하늘에 맡기는 것입니다.

언제까지 우리의 마음을 의혹하게 하려 하나이까? 그리스도이
면 밝히 말씀하소서! John 10:24

39. 신성

당신 앞에 나올 때에
나 당신의 작은 신이 되어
당신의 불을
밝힙니다.

당신 앞에 설 때마다
당신을 그리며
당신의 숨결을 찾아
길을 걷습니다.

아무도 나를
깨뜨릴 수 없고
누구도 그것을
없앨 수 없습니다.

당신과 함께함이
나의 기쁨이며
당신의 노래를 부름이
나의 자랑입니다.

당신의 산에서의 한 날이
세상에서의 천 날보다 나으니

거기가 내가 살아갈 장막이며
그곳이 내가 태어난 곳입니다.

여기에 찾아올 때마다
나의 영혼은 밝아지고
한 발자국 한 발자국
당신과 가까워지오니

나 여기에서
죽어도 좋사오며
나 바람에 날리는
티끌이어도 좋습니다.

이제 당신의 바람이 되어
당신이 계신 하늘에 올라
나의 깃발을 올리겠습니다.
생명의 노래를 부르겠습니다.

예수께서 이르시되 너희 율법에 기록된 바 내가 너희를 신이
라 하였노라 하지 아니하였느냐? John 10:34

40. 깨우러

이것을 위하여 내가 왔다.
나를 던져
죽음의 역사를 깨우는 것.
잠든 자들을 일으키는 것.

이것 외에 내가 할 일이 무엇인가?
한 생명이 천하보다 귀하니
하늘의 뜻을 이루는 것이
내가 세상에 온 목적이다.

듣든지 아니 듣든지
소리를 높일 것이며
나에게 주어진 길을
묵묵히 걸어갈 것이다.

무덤 속에 앉아
히히덕 거리는 자들.
아무것도 모르고
역사에 회칠을 하는 자들.

존재의 의미도 없이
삶의 목표도 없이

하루 하루
목구멍만 채우는 자들.

먹기 위해 사는 자가 있고
뜻을 위해 사는 자가 있다.
죽어도 눈을 부릅뜨며
생명의 기도를 올리는 자가 있다.

머리를 들고
하늘을 바라본다.
죽음의 안개가 덮인 세상에
짙은 어둠이 내려온다.

영혼이 죽어가고
생명의 종이 끊어져 간다.
나는 그들을 일으켜야 한다.
같이 하늘의 길을 걸어야 한다.

우리 친구 나사로가 잠들었도다. 그러나 내가 깨우러 가노라.
John 11:11

41. 이것을 네가 믿느냐

그렇게 두려운가?
모든 세상의 문제가
여기에서 생겨나니
이것을 넘어서라.

목숨을 내놓으면
못할 게 무엇인가?
하늘과 땅도 그를
어찌할 수 없는 것.

이것을 버리는 자에게는
모든 공포가 사라지니
삶과 죽음의 경계가
여기에서 끝이 난다.

누구나 한 번은
걸어가야 할 길.
무서워 걷는 것이냐?
기쁨으로 걷는 것이냐?

살아도 죽는 사람이 있고
죽어도 사는 사람이 있다.

비겁하게 사는 사람이 있고
용감하게 죽는 사람이 있다.

구차하게 사는 사람이 있고
당당하게 죽는 사람이 있다.
살아서 숨을 연명하는 사람이 있고
죽어서 영혼을 남기는 사람이 있다.

두 갈래 길이
우리 앞에 놓여있다.
자기의 길은 자기가 선택하는 것.
너는 어느 길을 택하겠느냐?

자기가 심은 것은
자기가 거두는 것이고
자기가 뱉어낸 것은
자기가 먹는 것이다.

무릇 살아서 나를 믿는 자는 영원히 죽지 아니하리니 이것을
네가 믿느냐? John 11:26

42. 나오라

아버지여,
내 말을 들으시는 것을 감사하나이다.
항상 내 말을 들으시는 것을
내가 아나이다.

그러나 지금은
당신의 역사를
보여주셔야 할
바로 그때니이다.

그것은 나를 위함이 아니요
아버지께서 나를 보내신 것을
저들로 믿게 하려 함이니
지금 그것이 필요하나이다.

그것이 없이는
저들은 살아갈 수 없나이다.
불안과 의심으로
희망을 망치고 있나이다.

저들은
보아야 믿나이다.

저들은 보이지 않는 세계를
믿을 수가 없나이다.

저들은
들어야 믿나이다.
저들은 당신의 소리를
들을 수가 없나이다.

아, 그것은
당신을 앞에 두고
세상 밖을 헤매는
신성모독이니이다.

저들은 무덤 밖으로 나와야 하나이다.
거기는 그들이 있을 곳이 아니니이다.
저들은 지금 가장 위대한 탈출을
감행해야 할 때이니이다.

이 말씀을 하시고 큰 소리로 나사로야 나오라 부르시니. John
11:43

43. 가야바(Caiaphas)

우리에겐 지금
제물이 필요하다.
우리가 망하지 않기 위해서
누군가 죽어야 한다.

그렇게 된다면
우리도 좋고 그도 좋은 것이다.
한 사람이 죽어서 모두가 산다면
얼마나 가치가 있겠는가?

나라도
그런 죽음이라면
한 번쯤
생각해볼만 하다.

그것은
영웅이 되는 길이며
역사의 한 페이지를
장식하는 것이다.

우리는 지금까지
수없는 제물을 드려왔다.

그들이 흘린 피가
성소에 흐르고 있다.

우리의 역사에는
제물이 필요하다.
다만 누가 그 제물이 될 것인가는
자신의 선택이다.

우리가 드린 제물은
우리의 역사에 남아있다.
그 제물이 쌓여
역사가 생기는 것이다.

그러하니 형제들이여,
죽음을 가볍게 여기지 말고
죽음을 두려워하지도 말라.
누구나 한 번은 반드시 죽어야 하지 않겠는가?

한 사람이 백성을 위하여 죽어서 온 민족이 망하지 않게 되는
것이 너희에게 유익한 줄을 생각지 아니하는도다. John 11:50

44. 제자들과 함께

진리를 전하고
사랑을 베풀어도
준비되지 않은 항아리는
바람의 그릇에 불과하다.

밥을 먹고
숨을 쉬어도
수행이 아니라면
무슨 의미가 있겠는가?

길을 걷고
자리에 앉아도
깊은 명상이 아니라면
시간을 낭비하는 것이다.

일을 하고
땀을 흘려도
기도가 아니라면
또 다른 쓰레기를 만드는 것.

기적을 일으키고
죽은 자를 살린다 해도

신생이 일어나지 않는다면
그것이 무엇인가?

다시 태어나야 한다.
생명의 중생을
완성하기 위해
내가 온 것이다.

여기에서 출발해야 한다.
나의 자리로 돌아가야 한다.
끝없는 순환의 심연을 통찰하며
그의 뜻을 이루어야 한다.

나를 찾지 말라.
헛된 일을 그만두라.
네가 움켜쥔 그 손으로
하늘을 가릴 수 있겠느냐?

예수께서 다시 유대인 가운데 드러나게 다니지 아니하시고 거기를 떠나 빈 들 가까운 곳인 에브라임이라는 동네에 가서 제자들과 함께 거기 머무르시니라. John 11:54

45. 마리아(Mary)

사람마다
자기의 좋은 편을 택한다.
어떤 사람은 자기의 욕심을 따르고
어떤 사람은 하늘의 뜻을 따른다.

마르다는 열심히 일을 한다.
밥을 짓고
땀을 흘리며
생명의 기쁨을 만든다.

나사로는 자리에 앉아있다.
무덤에서 나와
죽음을 통과한 자는
이것이 유일한 관심이다.

마리아는 자기의 옥합을 깨뜨려
그의 발을 씻긴다.
아무도 그의 죽음을
준비하지 않았다.

유다는 그것을 허비라고 생각했다.
그가 보기에 그것은 쓸데없는 일이었다.

그것은 좀 더 유용하게 사용할 수 있었다.
그는 돈궤를 맡은 자였다.

똑같은 상황에서
똑같은 것을 놓고
생각하는 것은
제각기 다르다.

욕심은 악취를 풍기고
향유는 향기를 풍기는 법.
무슨 향기를 풍길 것인가는
자기가 선택하는 것이다.

무서운 일이다.
사람들은 죽음 앞에서
아무런 생각 없이 밥을 먹으며
그리고 깨끗이 그것을 잊어버린다.

마리아는 지극히 비싼 향유 곧 순전한 나드 한 근을 가져다가
예수의 발에 붓고 자기 머리털로 그의 발을 닦으니 향유 냄새
가 온 집에 가득하더라. John 12:3

46. 모의

그놈이 문제이다.
그놈을 없애야 한다.
우매한 민중들이 그를 따라간다.
그놈 때문에 모든 것이 틀어진다.

어떻게 그런 일이
일어날 수 있었을까?
죽은 지 나흘이나 된 놈이
무덤에서 다시 나온 것이다.

죽은 놈은
그대로 있어야지
다시 살아나오면
어떻게 하라는 것인가?

변하면 안 된다.
가만히 있어야 한다.
우리가 말하는 대로
그대로 있어야 한다.

그것은 내란선동이다.
그것은 불온혁명이다.

그것은 무서운 전염병이다.
그것은 혼란의 책동이다.

큰일이다.
저 놈을 통해서
진보와 평등이라는
바이러스가 퍼지고 있다.

그러면 우리에게
남는 것은 무엇인가?
우리가 설 자리는 없어지고
목구멍은 거미줄이 낄 것이다.

한번 그 둑이 터지면
막을 수가 없을 것이다.
그에게 모두 올가미를 씌워야 한다.
다시는 이런 짓을 못하게 해야 한다.

대제사장들이 나사로까지 죽이려고 모의하니 나사로 때문에
많은 유대인이 예수를 믿음이러라. John 12:10-11

47. 그를 따라

아무도 일어서지 않았을 때
그는 분연히 일어섰다.
아무도 외치지 않았을 때
그는 일어나 회개를 외쳤다.

하늘 앞에서 불의한 일을 하지 말라.
있는 자는 없는 자에게 나누어 주라.
하늘이 주신 일용할 양식을
너 혼자 먹을 수 있겠느냐?

그것은 너희의 무덤을 파는 일이다.
무덤 속에 들어앉아
시체의 냄새를
즐기는 일이다.

너희 삶을 바꾸어야 한다.
구원의 시대를 열어야 한다.
새 포도주는
낡은 부대에 담을 수 없는 것.

무언가 일으켜야 한다.
바위에 계란을 던져야 한다.

우리의 몸을 던져서
하늘의 사람으로 부활해야 한다.

그리하여
그는 홀로
나귀 새끼를 타고
예루살렘으로 올라갔다.

멋진 광경이었다.
백마를 앞세워 군병을 이끌고
허풍떨며 입성하는 제국의 군대를
그 한방으로 웃기게 하는 것이다.

민중과 함께하지 않는 것은
해가 뜨면 사라질 안개와 같은 것.
그것으로 세상의 평화는 오지 않는다.
누구든 새로운 혁명의 불을 붙여야 한다.

바리새인들이 서로 말하되 볼지어다, 너희 하는 일이 쓸 데 없다. 보라, 온 세상이 그를 따르는도다. John 12:19

48. 영광

그에게는
그것이 영광이었다.
한 알의 밀이 땅에 떨어져
많은 열매를 맺게 되는 것.

죽음이 필요하다면
내가 죽어야 한다.
나를 던져 하늘의
뜻을 따라야 한다.

살고자 하는 자는
죽을 것이요
죽고자 하는 자는
살 것이니

이것이 나를 향하신
그분의 뜻이라면
이것이 내가 걸어야 할
하늘의 길이로다.

이제 때가 되었다.
영광을 얻을 때가 왔다.

내가 하늘의 사람이라면
이 길을 걸어야 한다.

내가 죽어
하늘의 영광이 된다면
이 역사의 불을
붙여야 하리라.

그래,
기꺼이 죽어 주리라.
나에게 주어진 역사의 십자가를
내가 지고 가리라.

자기의 생명을 아까워하는 자는
잃어버릴 것이요
자기 생명을 버리는 자는
영생하도록 보전될 것이니…

아버지여, 아버지의 이름을 영광스럽게 하옵소서 하시니 이에
하늘에서 소리가 나서 이르되 내가 이미 영광스럽게 하였고
또다시 영광스럽게 하리라! John 12:28

49. 빛의 자녀

자리에 앉아
마음의 그릇을 비운다.
매일 비우지 않으면
쓰레기로 가득 찬다.

시간은 항상
나의 편이 아니다.
흘러가는 시간을
붙잡아야 한다.

누구에게나
똑같은 시간이 주어진다.
시간은 공평하다.
시간은 유한하다.

우리의 시간은
빛처럼 흘러간다.
하여 우리는
빛의 사람이다.

시간을 놓치면
공허가 올 것이요

시간을 잡으면
하늘이 내려 올 것이다.

나는 오늘도
빛 속에서
빛의 길을
걸어간다.

주어진 시간을
잡아야 한다.
그리고 그 시간을
경영해야 한다.

세상에 있을 때에
세상의 시간으로
하늘의 친구를
사귀어야 한다.

너희에게 아직 빛이 있을 동안에 빛을 믿으라. 그리하면 빛의
아들이 되리라. John 12:36

50. 사람의 영광

사람은 자기가
믿고 싶은 것만 믿는다.
사람은 자기에게
좋은 것만 받아들인다.

진실이 무엇인가?
무엇이 가치인가?
이것이 그들에게
중요한 게 아니다.

세상의 출교가
문제가 아니라
하늘의 출교가
무서운 것이다.

하늘에서 버림받고
땅의 영광이 되는 것.
그것이 가장 큰
저주일 것이다.

나를 거기에
버려두지 마소서!

나를 당신의
문지기로 써주소서!

매일 당신의 말을
받아 적는
하늘의 서기관이
되게 하소서!

마음을 열어
당신을 보게 하시고
영혼의 귀를 열어
당신의 소리를 듣게 하소서!

하루의 진리를 깨달아
천년의 기쁨을 누리게 하소서!
그리하여 당신과 함께
천상에 오르게 하소서!

그들은 사람의 영광을 하나님의 영광보다 더 사랑하였더라.
John 12:43

51. 아버지와 나

그가 나를 부르셨다.
그가 길을 알려주셨다.
내가 있어야 할 곳.
내가 걸어야 할 곳.

사람은 누구에게나
자기가 해야 할 일이 있다.
그 일을 끝내기 전에
눈을 감을 수는 없다.

그 일을 다 끝내고
자기의 곳으로 돌아가야 한다.
그 앞에 서야 한다.
자기의 삶을 정리해야 한다.

이제 때가 되었다.
그의 소리를 따라
그의 길을 걸어야 한다.
그의 뜻을 이뤄야 한다.

내가 신의 산에 올랐을 때
난 거기에서 그를 만났다.

그때 거기에서
하늘의 소리가 들려왔다.

난 나의 말을 하지 않는다.
난 언제나
내가 들은 것을
말할 뿐이다.

내 속에서
용솟음쳐 흐르는
하늘 아버지의 말.
그것을 해방시킬 뿐.

내가 하는 일은
그의 말을 살아나게 하는 것이다.
이것이 그가 나의 육신에
생명을 부여한 이유인 것이다.

나를 보는 자는 나를 보내신 이를 보는 것이니라. John 12:45

52. 끝까지

끝까지 간다.
끝장을 본다.
하다가 말다가
그런 것은 없다.

마지막 선을 넘어간다.
그때까지
나의 길을
가는 것이다.

변함이 없다.
변하지 않는다.
언제나 거기에 있다.
결코 흔들리지 않는다.

피하기 위한
기도가 아니라
감당하기 위해
기도를 드린다.

어차피 져야 할
십자가라면

즐겁게 기쁨으로
지고 가는 것이다.

하늘을 바라보며
웃음을 터뜨린다.
그래도 나는 아직
웃을 수 있는 자유가 있다.

나의 전부를
너희에게 주겠다.
나를 던져
너희를 사랑하겠다.

이것이 내가 여기에 온 이유이다.
나를 따라 오라.
내가 하늘의 세계로
너희를 인도하리라.

<hr>

유월절 전에 예수께서 자기가 세상을 떠나 아버지께로 돌아가
실 때가 이른 줄 아시고 세상에 있는 자기 사람들을 사랑하시
되 끝까지 사랑하시니라. John 13:1

3 장

진리의 왕

53. 서로의 발

아무도 씻기지 않는 그 발을
내가 씻겨 주리라.
평생 한 곳만 바라보고
걸어온 발.

너희의 발에
내가 입을 맞추리라.
너희의 발을
내가 축복하리라.

지금까지 걸어온
너희의 발.
가장 성스러운
하늘의 발.

이제 시작이다.
다시 출발하자.
다시 일어서서
희망의 깃발을 올리는 것이다.

내가 너희의 발을 씻겼으니
너희도 서로의 발을 씻기라.

그리고 같이 일어서
하늘의 길을 걸으라.

매일 너의 발을 씻고
서로의 발을 씻겨주라.
그리고 힘을 내
내일의 길을 걸으라.

보라, 너희 앞에
새로운 세계가 놓였으니
수많은 영혼들이
너희를 기다리고 있으니

허리에 수건을 두르고
겸손히 무릎을 꿇고
너의 사랑을 주라.
너의 마음을 주라.

내가 주와 또는 선생이 되어 너희 발을 씻었으니 너희도 서로
발을 씻어주는 것이 옳으니라. John 13:14

54. 누구니이까

세상을 바라보지 않는다.
나 자신의 심연을 바라본다.
하늘 너머의
신비를 바라본다.

세상의 재미를 구하지 않는다.
날마다 자신을 갈고 닦아
나의 자리에 앉으니
그것이 나의 기쁨이다.

안으로 안으로 들어가
마음의 지성소에 앉는다.
그를 따라 하늘의 길을 걷는다.
세상 밖을 헤매지 않는다

누구인가를 묻지 않는다.
나의 밖을 보지 않는다.
나 자신을 바라보고
내 위의 하늘을 바라본다.

사람은 제각기
자기의 길을 가는 것이다.

배신자는 배신의 길을 가고
수행자는 수행의 길을 간다.

그리고 각자는
자기의 열매를 먹게 된다.
결국은 자기가
자기를 심판하는 것이다.

사랑하는 자여,
나의 떡을 받으라.
그리고 너의 할 일을 하라.
이제 너의 때가 되었도다.

떠오르는 생각을 따르지 말고
하늘의 뜻을 따르라.
너 자신을 쳐서
그 뜻을 행하라.

그가 예수의 가슴에 그대로 의지하여 말하되 주여, 누구니이
까? John 13:25

55. 새 계명

그것을 흘리라.
그것이 흘러가게 하라.
너 자신이 그것이 되라.
네가 하는 모든 것이 그것이 되게 하라.

사람들은 오늘도 그것을 찾아간다.
어디에서 그것이 흐르는지
세상의 산에 오르며
자기의 자리에 앉는다.

먹을 수 있고
씻을 수 있어야 하는
생명의 기원이 여기에 있고
우리의 미래가 거기에 있다.

그것이 아니라면
하늘 뜻이 아니라면
살아가는 모든 것이
무슨 의미가 있겠는가?

그것이 없다면
자신을 주지 않는다면

살아있는 모든 생명이
어떻게 존재하겠는가?

하여 내가 너희에게
새 계명을 주노니
그것이
흐르게 하라.

내가 너희에게
모든 것을 준 것 같이
너희도 모두
서로의 것을 나누라.

나누지 않으면 없어지리니
막힌 둑을 트라.
사랑의 맑은 물이
너를 통해 흐르게 하라.

새 계명을 너희에게 주노니 서로 사랑하라. 내가 너희를 사랑
한 것 같이 너희도 서로 사랑하라. John 13:34

56. 아버지의 집

그가 나에게
자리를 주셨습니다.
나는 거기에 앉아
하늘을 보았습니다.

누구도 나를
바라보지 않았습니다.
그들은 오직
자신만 바라보았습니다.

적어도 사람이라면
숨을 쉴 수 있는 자리는 있어야 합니다.
존재에 의미를 부여하는
그 자리가 있어야 합니다.

쉰다고 안식의 자리가 아니며
머문다고 다 잠자리가 아닐진대
내가 그대와 함께할 수 있는
그 자리가 필요합니다.

나의 길을 걸어가다가
인사를 나누며

웃음을 지을 수 있는
그런 사람 하나가 없다면

그것이 어떻게
사람이 사는 것이며
그것이 어떻게
숨을 쉬는 것이겠습니까?

자리 하나를 주십시오.
새벽마다 일어나
당신을 바라보며 기도하는
그 자리 하나만 주십시오.

언제나 거기에 앉으면
하늘이 내려오고
진리의 소리가 들려오는
그 성소를 주십시오.

내 아버지의 집에 거할 곳이 많도다. 그렇지 않으면 너희에게
일렀으리라. 내가 너희를 위하여 처소를 예비하러 가노니. John
14:2

57. 하늘의 길

그는 하늘의 길이었다.
그를 통해 우리는
영원의 세계를
볼 수 있었다.

그는 육신의
눈에는 보이지 않는
생명의 길을
우리에게 보여주셨다.

유한한 인간이
그 한계를 넘어
무한의 세계를 안다는 것은
피조를 뛰어넘는 대각이었다.

그것을 통해 우리는
진정한 자유를 얻었다.
자기의 생명을 던지면
그때부터 자유가 시작된다.

세상에 집착하지 않는데
잃어버릴 것이 무엇인가?

가지고 나온 것도 없고
가지고 갈 것도 없다.

그는 자기의 생명을 주었다.
그가 준 생명은
살아있는 생명이었다.
우리는 그것을 신생이라고 불렀다.

자기를 버림으로
자기를 극기하는 길.
그 길로 가지 않고는
영원으로 들어갈 수가 없었다.

한 인간이
영원의 길로 걸어간다는 것.
이것이 그가 우리에게 보여준
하늘의 길이었다.

예수께서 이르시되 내가 곧 길이요 진리요 생명이니 나로 말
미암지 않고는 아버지께로 올 자가 없느니라. John 14:6

58. 큰 일

나를 밟고 가라.
무서워 말라.
언제나 깊은 신비는
끝이 없는 것이니

거기를 넘어가면
새로운 세계에 도달하리니
지고의 기쁨과
하늘에 이르게 되리니

거기에 자신을 던지면
그렇게 끝없이 떨어지다 보면
언젠가는 바닥에
도달하게 되리니

나 모든 것을 버렸도다.
마음에서 욕망이 나오고
소유에서 집착이 생기니
모든 문제가 거기에서 일어나도다.

하늘과 땅이 하나로 통하는
영원한 진리.

우리를 참으로 자유하게 하는
해방의 진리.

내가 너희를 위하여
나의 몸을 주리라.
그리하여 너희가
진정한 생명을 얻게 되리니

그 길을 걸어가라.
그러면 참된 진리가 내려오리니
이 길이 참 생명의 길이요
영원의 생명과 이어지리니

나와 같이 가자.
이 길을 걸어가자.
한 점 흔들림 없이
생명의 길을 가자.

내가 진실로 진실로 너희에게 이르노니 나를 믿는 자는 나의
하는 일을 그도 할 것이요 또한 그보다 큰 일도 하리니 이는 내
가 아버지께로 감이니라. John 14:12

59. 진리의 영

이제는 초월적 유신론이 아니라
생태적 삼위일체론이라면
우리는 신이 아니라
신성을 말해야 한다.

새 포도주는 낡은 부대에 담을 수 없다.
이제 부대는 쓰지 않는다.
그것은 구시대의
유물이 되었다.

먼지에 쌓인 공병우 타자기와
지금은 사용하지 않는 주판알처럼
우리가 옛날에 쓰던 것은
박물관에 들어가야 한다.

이제 포도주를 부대에 담는 사람은 없다.
오늘의 포도주를 담을 새 병이 필요하다.
가죽부대를 버리지 못하는 사람은
그 시대로 돌아가야 한다.

우리는 지금 변혁의 시대를 살아가고 있다.
네모난 지구 시대에 만들어졌던 교리는

더 이상 현대인들을 설득할 수 없다.
그것을 주장하면 꼴통이 된다.

하늘에 좌정한 군신을 예배하는 교회는
더 이상 나의 세상에 존재하지 않는다.
이제는 신성을 찾아가는 순례자만 남아있다.
그들은 깨달음의 성지를 찾아가고 있다.

그 앞에 엎드려 무릎을 꿇는 사람은
생명의 신성을 염원하는 사람이다.
이제 세상은 평화를 희구하는
수행의 삶으로 지탱이 된다.

성서는 하늘의 뜻을 밝혀주며
우리의 눈을 열어주는 책인 것.
이제 우리는 자신의 자리에 앉아
거기에서 들려오는 소리를 들어야 한다.

그는 진리의 영이라. 세상은 능히 그를 받지 못하나니 이는 그
를 보지도 못하고 알지도 못함이라. 그러나 너희는 그를 아나
니 그는 너희와 함께 거하심이요 또 너희 속에 계시겠음이라.
John 14:17

60. 보혜사

자기 삶의 자리를 인식하고 사는 것만이
살아온 것이라면
나는 지금까지
얼마나 살아왔는가?

자기의 자리를 알고 살아가는 것만이
사는 것이라면
나는 지금
진정으로 살고 있는가?

무엇을 위해 살 것인가를 알고 살아가는 것만이
진정한 삶을 살아가는 것이라면
나는 무엇을 위해
살아갈 것인가?

문득 문득
자리에 누울 때마다 떠오르는 생각.
나는 살아있는 것인가?
그냥 죽어가는 것인가?

하루를 살아도
영원을 사는 것이라면

순간을 살아도
사랑을 사는 것이라면

죽음 앞에 설 때에도
당당하게
초연하게
웃음을 지을 수 있을 것이다.

날마다
그렇게 살아야지.
내 자리에 앉아서
나 자신을 바라본다.

거기에 그 사람이 있다.
자기가 걸어갈 길을 바라보며
다시 길을 떠나는 고독한 수행자.
그는 자기가 걸어갈 길을 알고 있다.

보혜사 곧 아버지께서 내 이름으로 보내실 성령, 그가 너희에
게 모든 것을 가르치고 내가 너희에게 말한 모든 것을 생각나
게 하리라. John 14:26

61. 여기를 떠나자

아직도 거기에 있는가?
거기에서
먹고 살아야 하니
벗어날 수가 없구나.

그가 그렇게 싫어하던 자리.
거기에
오르고 싶어
머리를 조아린다.

그것이 부러워
미치는 것이다.
그렇게 살고 싶어
안달하는 것이다.

아무것도 하지 않고
기다리는 것이다.
권좌에 좌정하고 있는
군왕을 섬기고 싶은 것이다.

어느 날,
갑자기 내려와

기적을 일으키고
자기를 데려갈 그를 기다린다.

남이야 어떻게 되든지
자기가 그 속에 들어가야 한다.
그때 안도의 웃음을 지으며
하늘로 올라간다는 것이다.

떠나야 한다.
죽음의 땅이 아니라
살아있는 자의 땅으로
옮겨가야 한다.

미몽에서 깨어
일어서야 한다.
그리고 그의 뜻을 따라
역사의 길을 걸어야 한다.

오직 내가 아버지를 사랑하는 것과 아버지께서 명하신 대로
행하는 것을 세상이 알게 하려 함이로라. 일어나라, 여기를 떠
나자. John 14:31

62. 전 정(剪定)

매일 가지를 자른다.
자르지 않으면
잎만 무성한
나무가 된다.

매일 마음을 씻는다.
씻지 않으면
쓰레기로 넘치는
휴지통이 된다.

매일 나 자신을 내려놓는다.
내려놓지 않으면
더러운 욕망으로 가득 찬
괴물이 된다.

매일 죽는다.
못된 자아가 죽어
새로운 영혼으로
다시 태어난다.

매일 길을 걷는다.
걷지 않으면

밥만 죽이는
똥이 된다.

매일 허물을 벗는다.
벗지 않으면
하늘을 나는
나비가 될 수 없다.

매일 자리에 앉는다.
이것이 내가
여기에서 할 수 있는
유일한 일이다.

하늘 아래
내가 있다.
매일 자신의 모습을 바라보며
그 길을 걸어가는 순례자가 있다.

무릇 내게 붙어 있어 열매를 맺지 아니하는 가지는 아버지께
서 그것을 제거해버리시고 무릇 열매를 맺는 가지는 더 열매
를 맺게 하려 하여 그것을 깨끗하게 하시느니라. John

63. 친구

나는 너희를
종으로 부른 적이 없다.
내가 그렇게 싫어하는 것을
너희에게 시키겠는가?

나는 노예가
필요한 것이 아니다.
나는 나와 같이 길을 걸어갈
친구가 필요하다.

창조의 세계와
생명을 사랑하고
그가 주신 사명을 같이 감당할
동역자가 필요한 것이다.

그는 우리에게
생각할 수 있는 이성과
선악을 판단할 수 있는
통찰력을 주셨다.

우리의 생각으로
우리의 선택으로

우리에게 주어진 삶을
살아가는 것이다.

억지로 한 사람이
성공한 적이 없다.
물론 열심히 이를 악물고 한다면
조금 앞설 수는 있겠지.

그러나 그런 사람이
탁월한 역사를
이룰 수는 없다.
그저 열심히 먹고 사는 것이다.

그것은 누구나 할 수 있다.
그것을 위해 너희를 택한 것이 아니다.
나는 아무런 희망도 없는 역사의 밑바닥에서
몸을 던져 불멸을 이루어가는 그가 필요한 것이다.

이제부터는 너희를 종이라 하지 아니하리니 종은 주인이 하는
것을 알지 못함이라. 너희를 친구라 하였노니 내가 아버지께
들을 것을 다 너희에게 알게 하였음이라. John 15:15

64. 실족

때가 되면
그들이 너희를
그들의 모임에서 내치며
죽이려고 할 것이다.

그들은 이것을
하늘의 일이라고 할 것이다.
그러나 그들이 이렇게 하는 것은
진정한 하늘의 뜻을 알지 못하기 때문인 것.

세상의 영광을 얻어도
자신의 목숨을 잃어버리고
생명의 정신을 상실한다면
무엇이 남겠는가?

그들은 몸은 죽여도
영혼은 죽일 수가 없다.
그것은 그들의 두려움에서 나오는
마지막 발악이다.

자리를 잃을까봐
용쓰는 단발마인 것이다.

그것을 보거든
때가 가까웠다는 것을 알라.

깨끗한 이름으로
한 번 죽는 사람이 있고
역사의 오명으로
수없이 죽는 사람이 있다.

자기의 삶을 정리하고
한 줌의 재로 돌아갈 때
적어도 하늘 앞에서
머리를 들 수 있어야 한다.

사랑하는 친구여,
나와 같이 가보자.
나도 앞길을 알지 못하고
이 길을 걸어가고 있는 것이니…

내가 이것을 너희에게 이름은 너희로 실족하지 않게 하려 함
이니. John 16:1

65. 유익

무엇이 유익인가?
그것을 알아야 한다.
지금 떠나는 것이 좋은가?
너희와 함께 있는 것이 좋은가?

당장은 어렵겠지.
하늘이 캄캄하겠지.
앞길이 막막하겠지.
길이 보이지 않겠지.

그러나 이젠 너희가
미래를 헤쳐가야 한다.
나 없이
모든 것을 해야 한다.

투쟁이란
그런 것이다.
같이 싸우다
같이 망하는 것이다.

그들은 원래
그것이 목적인 것이고

그것에 목숨을 걸었기에
수단과 방법을 가리지 않는다.

자기 패거리는
철저히 뒤를 보아주고
먹을거리가 있으면
놓치지 않는 것이다.

그들은 성공이 목적인 것이고
너희는 하늘이 목적이지 않는가?
그러니 같이 맞대고 싸울 수는 없는 것.
처음부터 승패는 정해진 것이다.

졌다고 슬퍼하지 말라.
패배로 승리를 얻는 것이다.
철저히 짓이겨짐을 당하다보면
어느 날 다시 일어설 때가 오는 것이다.

내가 떠나가는 것이 너희에게 유익이라. 내가 떠나가지 아니하
면 보혜사가 너희에게로 오시지 아니할 것이요 가면 내가 그
를 너희에게로 보내리니. John 16:7

66. 책망

그를 기다리지 말라.
그가 오면
너를 하늘로 데려가
거창한 자리를 줄 것 같은가?

너의 소원을 들어주고
너의 기도를 들어주어
하늘에서 벼락을 내리는
능력의 종으로 삼을 것 같은가?

너의 눈물을 씻어주고
너의 발을 씻겨주며
엄청난 상급을
내려줄 것 같은가?

많이 받은 자에게는
많이 달라 할 것이며
많이 맡은 자에게는
많은 책임을 물을 것인즉

많이 받지 말라.
많이 맡지도 말라.

네가 할 수 있는 만큼
너의 할 일을 하라.

너의 자리에서
예할 것은 예하고
아니라 할 것은
아니라 하라.

그것이면 족한 것이다.
세상에 집착하지 말고
높은 자리에 오르려 하지 말라.
땅으로 떨어지리라.

어려운 때가 올 것이니
세상의 인정을 구하지 말라.
세상을 바라보며 탄식하지 말라.
이때를 지나야 영광이 다시 오리라.

그가 와서 죄에 대하여, 의에 대하여, 심판에 대하여 세상을 책
망하시리라. John 16:8

67. 애통

슬퍼하라.
울며 애통하라.
그것이 끝까지 깊어지면
하늘이 눈물을 흘리리라.

그때가 되면
더 이상 흘릴 눈물이 없어지고
더 이상 세상을 바라보지 않게 되면
그때 사람들은 하늘을 바라보리라.

세상의 영화는 영원하지 않다는 것을
하늘이 증명하리라.
인간의 사악한 계획은 반드시 드러나게 된다는 것을
다시 한번 깨닫게 되리라.

그때까지는 살아있으라.
희망의 줄을 놓지 말고 기도를 드리라.
생명의 출산이 있기 위해서는 아픔이 필요한 것.
그런 고통이 없이 역사가 일어나겠느냐?

그때까지는
참고 견디어 내라.

그리고 너희의 자리에서
생명을 노래하라.

너희의 노래는
하늘을 울리고
너희의 기도는
땅을 움직이리라.

그가 모두 듣고 계시니
그가 모두 보고 계시니
너희의 두 눈을 뜨고
역사를 증언하라.

누가 하늘 앞에서
못된 죄를 저지르는지를
너희의 역사에
피로 기록하라.

내가 진실로 너희에게 이르노니 너희는 곡하고 애통하겠으나
세상은 기뻐하리라. 너희는 근심하겠으나 너희 근심이 도리어
기쁨이 되리라. John 16:20

68. 세상을 이김

죽음 앞에 서면
어차피 혼자 가는 것이다.
세상의 다른 누구를
바라볼 것도 없다.

목자를 치면
양떼는 흩어진다.
먹을 것이 떨어지면
제 갈 길로 가버린다.

그러나 나가 혼자 있는 것은 아니다.
태초부터 계시고
나를 지으신 그가
언제나 나와 함께 있다.

자식은 부모를 떠나도
부모는 자식을 잊을 수가 없는 것.
그가 자식을 가져보기 전까지는
내 말을 이해할 수 없을 것이다.

부모가 할 수 있는 것은
삶을 자식에게 보여주는 것이다.

부모가 멋진 삶을 살면
자식도 따라오는 것이다.

내가 이 길을 가니
너희도 이 길을 걸어가라.
내가 세상을 이기니
너희도 세상을 이기라.

이기지 못하면
그들의 밥이 되리라.
주인으로 살지 못하고
노예처럼 굴종하며 살아가리라.

자유의 삶을 내주고
그들이 던져주는 부스러기를 받아먹으려고
서로를 물고 뜯는
아귀가 될 것이다.

69. 영화롭게

생명의 아버지여,
이제 때가 되었습니다.
당신 앞으로 나아갑니다.
나의 자리로 돌아갑니다.

원래 우리가 하나였듯
지금 하나가 됩니다.
아들을 영화롭게 하옵소서!
당신을 영화롭게 하겠습니다.

나를 드리고
나의 삶을 바쳐
당신의 뜻을 따르겠습니다.
십자가의 불을 사르겠습니다.

언젠가 한 번은
누구나 자기를 불살라야 되는 것.
당신이 원하시는 때에
당신의 자리로 나아갑니다.

슬퍼하지 않습니다.
눈물을 흘리지 않습니다.

감정에 흔들리지 않습니다.
이것이 내 삶의 완성입니다.

나 자신을 바라봅니다.
아름다운 시간들이었습니다.
거기에 내가 있었습니다.
언제나 당신과 함께였습니다.

끝까지 위엄을
유지하겠습니다.
항변하지 않고
저항하지 않겠습니다.

이것이 나의 운명이고
내가 져야할 십자가라면
기꺼이 달게 받겠습니다.
당신의 뜻을 이루겠습니다.

아버지여, 때가 이르렀사오니 아들을 영화롭게 하사 아들로 아
버지를 영화롭게 하게 하옵소서! John 17:1

70. 영생

나는 압니다.
당신은 창조의 주라는 것을.
태초부터 세상의 마지막까지
당신의 창조를 완성하신다는 것을.

당신을 바라봅니다.
역사의 한가운데에서
역사의 십자가를 지고
역사를 이루어 가시는 그 모습을.

나는 그것이 너무나 자랑스럽습니다.
회피하거나 눈을 감지 아니하고
날마다 치열하게
살아가는 그 삶이.

하여 나는 항상
나 자신을 돌아보며
당신의 역사 앞에
바로 선다는 것을.

당신은
바람처럼 자유하며

봄바람처럼 부드러운
생명의 영이라는 것을.

얼어붙은 세상을 녹이고
자유의 꽃을 피워내는
하늘 역사의
동인이라는 사실을.

그것 외에는
어떤 다른 것에도
절하지 아니하고
굴종하지 않는다는 진실을.

그것이
나의 자존이며
내가 세상을 살아가는
한 가지 삶의 목표라는 것을.

영생은 곧 유일하신 참 하나님과 그가 보내신 자 예수 그리스도를 아는 것이니이다. John 17:3

71. 하나

우리가 하나이듯
너희도 하나가 되라.
원래 한 몸이지 않았느냐?
원래 하나로 연결되지 않았느냐?

같은 공기를 마시고
같은 물을 마시면서
내가 높다 네가 낮다,
물고 뜯고 갈라져 싸우지 마라.

같은 태에서
나오지 않았느냐?
어머니 지구가
너희를 출산하지 않았느냐?

더러운 욕심을 버리고
하늘 앞에 바로 서라.
아무것도 가지고 나오지 않았으면서
금 수저 물고 나온 것처럼 으스대지 마라.

똑같은 하늘의 자녀인 것을
누구는 떵떵거리고

누구는 그 앞에
엎드려야 되는 것이냐?

그것이 진정으로
너희의 자녀를 위한 것이더냐?
그렇게 해서 대대로
잘 먹고 잘 살겠느냐?

적자생존이고
생존경쟁이더냐?
나는 살아야 하고
너는 죽어야 하는 것이냐?

하늘 무서운 줄 모르고 날뛰지 말고
하늘 앞에 무릎 꿇고 너 자신을 돌아보라.
내가 하나이듯 너희도 하나이니
마음을 넓게 열고 본질로 들어가라.

거룩하신 아버지여, 내게 주신 아버지의 이름으로 그들을 보전
하사 우리와 같이 그들도 하나가 되게 하옵소서! John 17:11

72. 누구를 찾느냐

너희가 나를 찾는
그 이유가 무엇이냐?
먹을 것을 원하느냐?
한 자리를 원하느냐?

그래, 내가 먹을 것을 주마.
나의 살을 먹으라.
나의 피를 마시라.
영원히 마르지 않는 하늘의 생수를 마시라.

세상이 주는 물은
마시고 또 마셔야 하지만
내가 주는 물은 너희의 배에서
생수의 강이 되리라.

살기가 힘이 드는가?
무언가 기적을 바라는가?
하늘에서 불이 내려오기를 원하는가?
세상이 확 뒤집어지기를 원하는가?

먼저 너 자신을 바라보라.
네가 바뀌지 않으면

세상은 결코 바뀌지 않을 것이다.
너의 눈이 열리면 하늘이 열릴 것이다.

제물을 원하는가?
나의 피를 원하는가?
그래, 내가 너희의 제물이 되어주마.
너희가 바라는 그 소원을 이루어주마.

내가 제물이 되어
너의 하늘이 열린다면
내가 피를 흘려
너의 죄악이 씻기어진다면

나는 너를 위해
나의 두 팔을 벌리리라.
나의 모든 물과 피를 쏟아
십자가의 기도를 드리리라.

예수께서 그가 당할 일을 다 아시고 나아가 이르시되 너희가
누구를 찾느냐? John 18:4

73. 너의 칼

사랑하는 자여,
네 칼을 거두라.
칼을 쓰는 자는
그 칼을 닮아간다.

이렇게 하기 위하여
여기까지 온 것이더냐?
이것을 위해 하늘이
우리를 부르신 것이더냐?

칼은 피를 부르고
미움은 증오를 부르는 것.
불쌍히 여기는 연민이 필요하고
흔들리지 않는 통찰이 필요하다.

그것을 잃어버린다면
똑같이 핏발선 눈으로
폭력에 함몰된 역사의
무서운 괴물이 되어간다.

우리의 검은
말씀의 검이다.

태초부터 계셨던
창조의 역사.

그 진리의 검 위에
자신을 세워야 한다.
찌르면 피가 아니라
말씀이 나와야 한다.

사랑의 검으로
생명을 살려야 한다.
투쟁의 칼을 쓰면 피가 흐르지만
생명의 칼을 쓰면 밥이 나오게 된다.

날마다 거기에 자신을 세우고
영성의 한 치 칼 날 위에서
수행의 불을 살라야 한다.
언제나 그 벼랑에서 살아야 한다.

예수께서 베드로더러 이르시되 칼을 칼집에 꽂으라. 아버지께
서 주신 잔을 내가 마시지 아니하겠느냐? John 18:11

74. 곁불

남의 불 비집고 들어가
슬금슬금 눈치 보지 말고
네 불을 네가 밝혀
추위를 이겨내라.

역사를 물러가게 하는
더러운 불을 좇지 말고
하루를 살더라도
떳떳하게 살아가라.

먹는다고
다 밥이 아니고
하룻밤 머문다고
다 방이 아니듯

쉴 곳이 아니라면
몸을 눕히지 말고
의로운 밥이 아니라면
수저를 들지 말라.

곁불 쬐는 것을
좋아하지 말고

네 몸을 움직여
추위를 녹여내라.

차라리 같이
불타지 못하겠거든
그 자리를 떠나
너의 길을 걸어가라.

어디에서든지
하늘의 뜻을 이룰 수 있는 것.
네가 하늘 앞에서 부끄럽지 않다면
아무도 너를 욕하지 않을 것이다.

내가 나의 길을 가듯
너는 너의 길을 가라.
당당하게 발걸음을 내딛어
역사의 지축이 흔들리게 하라.

그 때가 추운 고로 종과 아랫사람들이 불을 피우고 서서 쬐니
베드로도 함께 서서 쬐더라. John 18:18

75. 어찌하여

세상에 맑은 물을 흘리는
진리의 원류가 되라.
그 생수의 강이
너로부터 흐르게 하라.

너를 따르는 자가
너무 많아지지 않도록 하라.
숫자의 도가 넘치면
떠날 때가 된 것이다.

네가 바라는 것이
숫자의 싸움이더냐?
머릿수를 헤아리는 것이
네가 원하는 것이었더냐?

물이 너무 맑으면
고기도 살 수 없고
맛도 없다는 그 말에
속아 넘어가지 말라.

네가 살아가는 목표가
고기 많이 잡는 것이 아니지 않느냐?

잘 먹고 잘 사는 것이
살아가는 목적이 아니지 않느냐?

그것을 위해서
나를 따라온 것이더냐?
그렇다면 이제는
진실을 바라볼 때가 되었다.

긴 옷을 차려입고
헛된 누각을 세우는
세상의 속물들을 떠나라.
부러운 눈으로 그들을 바라보지 말라.

이런 것도 있고
저런 것도 있을 것이지만
네가 살아가는 삶은
네가 선택했던 것이리라.

내가 말을 잘못하였으면 그 잘못한 것을 증언하라. 바른 말을
하였으면 네가 어찌하여 나를 치느냐? John 18:23

76. 나의 나라

나의 나라는
세상의 나라가 아니다.
나는 이것을 위하여
이 땅에 온 게 아니다.

나의 나라는
하늘의 나라이다.
존재를 존재케 하는
원형의 나라.

존재에 석깔을 주고
삶의 의미를 부여하는
온전한 나라.
충만의 나라.

내가 꿈꾸는 나라는
보이지 않는 나라이다.
그것은 오직
우리의 가슴에 있다.

거기는 아무도
침범할 수가 없다.

그것은 누구도
빼앗아 갈 수가 없다.

그것은
우리 모두의
영혼에 서려있는
자유의 나라이다.

내가 원하는 나라는
나만 잘사는 나라가 아니다.
그 나라는 우리 모두가 잘 사는
평화의 나라이다.

내가 바라는 나라는
공생의 나라이다.
하여 내가 노는 나라는
언제나 영원의 나라이다.

내 나라는 이 세상에 속한 것이 아니니라. 만일 내 나라가 이
세상에 속한 것이었더라면 내 종들이 싸워 나로 유대인들에게
넘겨지지 않게 하였으리라. John 18:36

77. 진리의 왕

너의 세계에선
네가 왕인가?
나의 세계에선
내가 왕이다.

너의 세계에선
제국이 위엄인가?
나의 세계에선
진리가 위엄이다.

너의 세계에선
상대적 우위인가?
나의 세계에선
절대적 자존이다.

너의 세계에선
하루가 백년인가?
나의 세계에선
하루가 영원이다.

너의 세계에선
가진 자가 최고인가?

나의 세계에선
버린 자가 최고이다.

네가 취할 권리도 있고
버릴 자유도 있겠지만
한번 잡으면
버리기가 어려운 것.

너는 너의 세계를
움켜쥐며 살아가고
나는 나의 세계를
버리며 살아간다.

우하하하핫,
네가 나를 결박하는가?
진리가 너를
자유케 하리라.

78. 바라바(Barabbas)

그는 우리의 희망이었다.
아무도 무서워
일어서지 않았을 때
그는 홀로 일어섰다.

아무도 우리를
바라보지 않았을 때
그는 우리를 부르셨다.
그는 우리와 함께하셨다.

불러준다는 것만으로도
우리는 살맛이 생겼다.
그것은 우리를
믿는다는 것이었다.

우리는 불가촉천민이었다.
사람들은 우리를 피해갔다.
우리를 만져서는 안 되었다.
우리는 부정의 온상이었다.

우리가 할 일은 그것밖에 없었다.
지렁이도 밟으면 꿈틀거리는 것.

그때 움직이는 것은
불온한 변혁이었다.

그것은 살려고 몸부림치는
생명의 몸짓이었다.
그것까지 거부한다는 것은
같이 살기를 거부하는 폭거였다.

그가 일어선 것은 당연한 일이었다.
그와 우리는 하나였다.
둘 중의 하나를 선택하라는 것.
그것은 우리를 갈라놓으려는 음모였다.

그들의 밑바닥에서는
뜨거운 사랑이 흘렀다.
그렇지 않다면 그들은
무엇을 위해 일어섰겠는가?

유월절이면 내가 너희에게 한 사람을 놓아주는 전례가 있으니
그러면 너희는 내가 유대인의 왕을 너희에게 놓아주기를 원하
느냐? John 18:39

79. 이 사람

참으로
멋진 사람이다.
아무것도 가진 게 없지만
모든 것을 가진 사람.

아무도 버리지 않지만
모든 것을 버린 사람.
그러기에 어떤 것도
잃을 것이 없는 사람.

우리는 두려움으로 살지만
그는 진리로 산다.
하루를 살더라도
멋진 삶이다.

가난한 자들의 목자.
버림받은 자들의 지도자.
자기 민족은 그를 거부하지만
모든 사람들은 그 앞에 머리를 숙인다.

나 자신이 부끄럽다.
지금 나는 무엇을 위해 살고 있는가?

그는 우리 자신을 돌아보게 한다.
그는 기꺼이 하늘의 뜻에 따른다.

너희는 진정으로
어리석은 자들이다.
너희의 입으로 너희 왕을 저주하고
그를 십자가에 못 박으라고 소리친다.

사람은 자기의 선택으로 살아간다.
그는 진리를 선택하고 나는 세상을 선택한다.
하지만 언젠간 나도 삶을 정리할 때가 오겠지.
그때는 나도 이 사람을 따르게 될 것이다.

참 사람의 원형.
진정한 자유인.
지금은 우리가 그를 못 박지만
그의 정신은 누구도 못 박지 못할 것이다.

이에 예수께서 가시관을 쓰고 자색 옷을 입고 나오시니 빌라
도가 그들에게 말하되 보라 이 사람이로다. John 19:5

80. 권한

모든 권한은 거기까지
하늘이 위임한 것이다.
그러므로 위임 맡은 자는
그에 합당하게 사용해야 한다.

위임한 자는
그것을 기억하고
그 명령에 순종하여
그것에 따라야 한다.

그러나 위임 맡은 자가
이것을 기억하지 못하고
불의하게 사용하려 한다면
위임한 자는 그에 저항해야 한다.

이것은 그의 책임이자
주어진 삶에 성실하려는
인간의 기본적인 의무이다.
독재가 현실이라면 혁명은 의무이다.

인간은 완전하지 아니하고
절대의 자리에 앉으려는 근성이 있기에

언제나 자기 자리에서 무릎을 꿇고
겸손해야 한다.

이것을 알지 못하고
조심하고 근신하지 않는다면
그는 인간성을 파괴하는
무서운 괴물이 될 수 있다.

권력의 자리는
양날의 칼을 가지는 것이다.
하늘 앞에 올바로 사용하지 않는다면
생명을 해하고 자기도 파괴하게 된다.

하여 누구든지 함부로
높은 자리에 앉으려 해서는 안 된다.
다만 어쩔 수 없이 그 자리에 앉을 때는
언제나 하늘과 땅에 부끄럼이 없어야 한다.

예수께서 대답하시되 위에서 주지 아니하셨더라면 나를 해할
권한이 없었으리니 그러므로 나를 네게 넘겨준 자의 죄는 더
크다 하시니라. John 19:11

81. 가이사(Caesar)

그것은 미친 소리다.
감히 하늘을 빙자하여 우리를 비난하다니.
누구든지 그럴 수는 없다.
그래서는 절대 안 된다.

그런 놈은 사라져야 한다.
감히 우리의 자리를 흔들 수는 없다.
어떻게 해서 얻은 자리인데
우리가 내줄 수 있겠는가?

어림도 없는 소리다.
우리를 흔들려하는 자는
과감히 제거해야 한다.
우리가 세상이다.

진리가 무엇이더냐?
그것이 밥을 먹여주더냐?
지금 먹여주는 것이 최고인 것이지.
우리가 붙들 것은 그것밖에 없다.

적어도 그것은 우리에게
안정을 주고 있지 않은가?

헛소리 하지 마라.
시끄러운 소리이다.

밥이 우선인 것이다.
한번 배가 고파 봐라.
큰 나무 그늘이 좋은 법이다.
그 밑에 있어야 안전한 것이다.

이 질서를 어지럽히는 놈은
조용히 사라져 주어야 한다.
그것이 우리에게 부여된
시대의 사명인 것이다.

우리를 통해 세상은 질서가 유지된다.
우리가 조금 욕은 먹겠지만
어떻게 하겠는가?
그것이 우리의 운명인 것을…

그들이 소리 지르되 없이 하소서! 없이 하소서! 그를 십자가에
못 박게 하소서! 빌라도가 이르되 내가 너희 왕을 십자가에 못
박으랴? 대제사장들이 대답하되 가이사 외에는 우리에게 왕이
없나이다. John 19:15

82. 해골

그 골짜기로 나가야 되었다.
모든 물과 피를 다 쏟은 후에
한 점 살도 남기지 않은 곳에서
부활의 역사를 이루어야 되었다.

더 이상 내 곁에는 아무도 없었다.
나 혼자 십자가를 져야 되었다.
거기에 희망을 둔다는 것은
아무런 의미가 없었다.

맑은 하늘에서
바람이 불어왔다.
삶의 냄새가 났다.
아직은 살고 싶었다.

다시는 아름다움을 볼 수 없다는 것이
나에게 너무 슬펐다.
그렇게 나는
사라져야 했다.

나는 신화를 이루어야 되었다.
마른 뼈가 군대가 되어야 했다.

옛날 선지자가 꿈을 꾼대로
그것을 이루어야 했다.

살이 붙고
힘줄이 생겨
뼈들이 살아나야 했다.
하늘의 숨이 불어와야 했다.

메마른 광야에서
죽음의 바람이 불어왔다.
아무도 자기를 버리지 않는 세상에서
나는 불멸의 역사를 이루어야 했다.

한번 나 자신을 던져보는 것이다.
어차피 여기까지 온 것이니
모든 것을 하늘에 맡기고
세상을 떠나야 하는 것이다.

그들이 예수를 맡으매 예수께서 자기의 십자가를 지시고 해골
(히브리 말로 골고다)이라 하는 곳에 나가시니. John 19:17

4 장

나의 주, 나의 하나님

83. 유대인의 왕

그는 진정으로
유대인의 왕이었다.
그는 모진 시간을
여기까지 견뎌왔다.

그는 고난 속에서
하늘을 찾았고
오직 하늘에만
희망을 두었다.

그는 자기의 믿음을
증명해야만 했다.
역사는 끝까지 견디어낸 자가
승리한다는 것.

아무도 믿지 않고
아무도 남지 않았을 때,
그때가 바로
하늘의 때라는 것.

그는 자기 민족에게
버림을 받았다.

그들이 원하는 것은
진정 무엇이었던가?

나는 지금까지
그런 사람을 만난 적이 없었다.
그 앞에 나는
머리를 숙일 수밖에 없었다.

불멸의 영혼.
참 인간성의 실현.
그는 인간에게 남겨진
유일한 꿈이었다.

세상의 권력은 사라지고
역사는 유수와 같이 흐르지만
그만은 그렇게
사라져서는 안 되는 것이었다.

유대인의 왕이라 쓰지 말고 자칭 유대인의 왕이라 쓰라 하니
빌라도가 대답하되 내가 쓸 것을 썼다 하니라. John 19:21-22

84. 아들입니다

어머니,
먼저 갑니다.
이 못난 아들을
용서해주세요.

당신이 사랑했던
그 영혼들을
가슴에 품고
하늘의 뜻에 따릅니다.

내가 사랑했고
내가 먹였던 그들이
이제는 나를 못 박으라
소리를 지릅니다.

내가 고쳤고
내가 살려냈던 그들이
지금은 내 목숨까지
원하고 있습니다.

어머니,
나의 모든 것을 그들에게 줍니다.

내가 더 이상 줄 것이 없으면
그들은 소리를 멈추겠지요.

그리고 그들은
몸을 떨며 집으로 돌아가
누더기 이불을 끌어다
자기 새끼들을 덮어줄 것입니다.

어머니,
나는 그것을 압니다.
그것이 그들의 본성입니다.
그들은 거기에서 한 발자국도 더 나갈 수 없습니다.

이것이 나의 운명입니다.
하늘이 이것을 원하고 있습니다.
내 목숨이 사랑의 불꽃을 일으켜
역사의 어둠을 밝히게 될 것입니다.

예수께서 자기의 어머니와 사랑하시는 제자가 곁에 서있는 것
을 보시고 자기 어머니께 말씀하시되 여자여, 보소서 아들이니
이다. John 19:26

85. 네 어머니라

사랑하는 친구여,
내 어머니를 부탁한다.
이제부터 내 어머니가 아니라
네 어머니로 여기라.

어떻게 하겠는가?
평범하게 살았다면
이런 아픔을
남기지 않으련만…

역사의 진실을 알았고
하늘의 뜻을 보았으니
이것이 나의 사명이고
이것이 우리의 운명인 것.

사랑하는 친구여,
아무런 여한도 없고
어떤 삶에 대한 애착도 없지만
홀로 남는 어머니가 마음에 걸린다.

일생 나만 보고 살아왔고
나를 위해 기도를 드려왔다.

그 기도가 나를 여기까지 끌어왔고
아직도 우리의 귀에 살아있다.

그러하니 친구여,
그 기도가 응답이 되게 하라.
우리의 몸을 드려
그 불꽃이 살아나게 하라.

위대한 희생 없이
위대한 역사는 일어나지 않는다.
우리의 어머니를
위대한 어머니가 되게 하라.

하늘의 바람이 불어오고
생명의 냄새가 풍겨온다.
오늘은 하늘로 가기에 알맞은 날.
우리의 삶이 그 위대함에 젖게 하라.

또 그 제자에게 이르시되 보라, 네 어머니라 하신대 그 때부터
그 제자가 자기 집에 모시니라. John 19:27

86. 내가 목마르다

아무도 돌아보지 않는 땅.
모두가 고개를 돌린 땅.
이 땅을 나의 피로
적셔야 한다.

하여
나의 사랑으로
이 땅이 다시 살아나고
여기에서 희망이 솟아나야 한다.

그렇게 된다면
나는 하늘로 돌아갈 수 있다.
그들에 대한 염려를
내려놓을 수 있다.

내가 아니더라도
그들은 잘 살아갈 것이고
그들의 질긴 목숨을
이어갈 것이다.

하지만 그들은 기억할 것이다.
그들의 영혼을 가슴에 안고

하늘의 길을 걸어간
한 사람이 있었다는 것을…

목이 마르다.
나는 홀로 있다.
모두가 나를 떠났다.
제 갈 길로 가버렸다.

아무도 내 곁에 없다.
어차피 죽음은 홀로 겪는 것.
이 길을 지나면
완성이 올 것이다.

나의 이 끝없는 갈증은
언제 끝이 날 것인가?
하늘이여, 문을 열라.
이제 내가 들어간다.

그 후에 예수께서 모든 일이 이미 이루어진 줄 아시고 성경에
응하게 하려 하사 이르시되 내가 목마르다. John 19:28

87. 다 이루었다

이 날을
기다려 왔다.
이것 때문에 나는
세상에 온 것이다.

나의 모든 것을 드려
하늘의 뜻을 이루는 날.
영광일세, 영광일세.
내가 누릴 영광일세.

어떻게 살아왔는가도
중요하지만
어떻게 죽는가도
중요한 것이다.

오늘 여기까지
나에게 맡겨진
모든 것을 다 끝냈다.
나머지는 하늘이 할 것이다.

더 이상 나에게
남겨진 것은 없다.

모든 것을 다 쏟아
최선을 다했다.

한 점 후회함이 없다.
이것을 위해
나는 지금까지
살아온 것이다.

이제 때가 되었다.
나를 보내신
아버지께로 돌아가야 한다.
진정 이렇게 마치고 싶었다.

태어날 때가 있으면 죽을 때가 있다.
가질 때가 있으면 버릴 때가 있다.
내려갈 때가 있으면
올라갈 때가 있다.

예수께서 신 포도주를 받으신 후에 이르시되 다 이루었다 하
시고 머리를 숙이시니 영혼이 떠나가시니라. John 19:30

88. 새 무덤

오늘이 완성의 날이니
새 무덤에 들어간다.
날마다 거기까지
그만큼 완성한다.

고단한 육신을 누이고
잠 속으로 들어간다.
하늘의 신부 되어
그 날을 기다린다.

날마다 새로운 날이니
새 무덤에 들어간다.
날마다 새롭게 태어나니
새 하늘에 올라간다.

더 이상 세상에서
방황하지 않는다.
마음을 내려놓고
평안에 들어간다.

나를 찌른 그들은
대대로 가슴을 찌르겠지만

나는 이렇게 편안히 무덤에 들어간다.
오늘이 세상에서 가장 좋은 날.

새로운 옷을 입고
하늘 아버지를 만나게 되면
영혼을 정갈하게 씻고
절을 올려야 한다.

있을 곳에 있어야 하고
머물 곳에 머물러야 한다.
헛된 자리를 탐하지 않고
숨을 쉴 곳을 찾아야 한다.

새 집에 들어가니
마음도 새로워진다.
새 노래를 부르니 마음도 설레어진다.
오늘은 내가 바로 이 천국의 주인이다.

예수께서 십자가에 못 박히신 곳에 동산이 있고 동산 안에 아
직 사람을 장사한 일이 없는 새 무덤이 있는지라. John 19:41

89. 빈 무덤

무덤은 비어있었다.
그곳은 너무 어두웠다.
그곳은 그가 계실 곳이 아니었다.
거기에선 아무런 역사를 일으킬 수가 없었다.

우리를 막고 있는
돌을 옮겨야 했다.
우리를 가두고 있는
그 무덤을 나가야 했다.

오랜 정적 후에
새가 알을 깨고 나오듯
그는 그곳을
벗어나야 했다.

제국의 역사를
처음으로 깨트린 날,
그날이 첫날이 되어야 했다.
역사의 기원을 다시 써야 했다.

우리는 날마다
새로운 역사를 써야 한다.

어제를 버리고
오늘을 살아야 한다.

그것이 나를 향하신
하늘 아버지의 뜻이라면
나는 날마다 죽고
날마다 살아나야 한다.

그렇게 매일 허물을 벗다보면
어느 날, 나는
역사의 용이 되어
하늘을 날게 될 것이다.

그때 하늘의 빛이 비치고
나는 그와 함께 영원으로 가게 될 것이다.
오랜 순례의 여정을 끝내고
빛의 나라에 거하게 될 것이다.

안식 후 첫날 일찍이 아직 어두울 때에 막달라 마리아가 무덤
에 와서 돌이 무덤에서 옮겨진 것을 보고. John 20:1

90. 어찌하여 우느냐

사랑하는 이여,
슬퍼하며 울지 말라.
내가 이렇게 가야 될 것을
알지 못하고 있었더냐?

아직도 거기에 있느냐?
세상의 슬픔에 매여
하늘의 뜻을
깨닫지 못하는가?

죽음의 세계를 거쳐야
영원의 세계에 들어가는 법.
너희도 이 길을
걸어가야 할 것이다.

내 육신을 보지 말고
나의 정신을 보라.
내가 걸어간
그 길을 기억하라.

나는 너희보다 먼저
갈릴리로 갈 것이니

거기에서 나를
만나게 될 것이다.

눈먼 자들의 눈을 뜨게 하고
닫힌 자들의 귀를 열게 하라.
저들의 말라붙은 가슴을
사랑으로 불타게 하라.

내가 너희에게 전한
하늘의 소리를 찾아
너희의 자리에서
불꽃으로 살아가라.

그것이 나를 만나는
생명의 길이며
그것이 나의 음성을 듣는
하늘의 길인 것이니…

천사들이 이르되 여자여 어찌하여 우느냐? 사람들이 내 주님
을 옮겨다가 어디 두었는지 내가 알지 못함이니이다. John 20:13

91. 나를 붙들지 말라

벗어버린
나의 허물에
입을 맞추지 말라.
나는 거기에 있지 않다.

너의 손으로
나를 붙들지 말라.
지금까지 무엇을 구하고
살아온 것이더냐?

너 자신을 바라보며
하늘의 믿음을 붙들라.
무엇을 믿고 살아야 할지를
깊이 생각하라.

썩어질 나의 육신을
붙들며 늘어지지 말고
영원하도록 있을
생명의 진리를 붙들라.

나로 하여금
자유의 하늘로 올라가게 하라.

내가 너희를
떠나도록 하라.

언제까지
거기에 있겠느냐?
언제까지 하늘을 바라보며
탄식을 하려느냐?

너의 길은
네가 만들어가고
너의 미래는
네가 열어가는 것.

한 번밖에 없는
인생의 기회를
땅 속에 묻어두지 말라.
바람에 떠돌게 하지 말라.

예수께서 이르시되 나를 붙들지 말라. 내가 아직 아버지께로
올라가지 아니하였노라. 너는 내 형제들에게 가서 이르되 내가
내 아버지 곧 너희 아버지, 내 하나님 곧 너희 하나님께로 올라
간다 하라 하시니. John 20:17

92. 평강이 있으라

두려워하지 말라.
너희에게 주어진 삶의 기회를
정면으로
맞이하라.

너희가 살아가는 것이
하늘의 은혜요
누군가가 그토록 살고 싶어 하던
바로 그 시간이었음이라.

두려움으로 문을 닫아걸지 말고
기대하는 마음으로
떨리는 마음으로
하루의 문을 열라.

오늘도 수없는
별들이 떠오르고
그 별들이 유성처럼
하늘을 흘러가고 있다.

떨어짐이 없이는 위대한 역사도 없는 법.
떨어짐을 무서워하지 말라.

그렇게 한줄기 흔적을 남기는 것이
삶의 기회일 것이다.

나도 그렇게 살아왔고
너희도 그렇게 살아갈 것이니
그렇게 살아가는 것이
가장 가치 있는 삶이리라.

나를 바라보라.
가장 캄캄한 곳에서
가장 밝은 불을 일으켰으니
이렇게 아름답게 빛나는 것임을…

거기에서 너희를 기다리리라.
아무것도 남지 않는
그 잿더미 속에서
너희의 진주를 찾으리라.

안식 후 첫날 저녁 때에 제자들이 유대인들을 두려워하여 모인 곳의 문들을 닫았더니 예수께서 오사 가운데 서서 이르시되 너희에게 평강이 있을지어다. John 20:19

93. 성령을 받으라

나의 숨을 받으라.
태초에 내가 받았던
하늘의 숨결.
자유의 호흡.

그 숨을 잃어버리지 말라.
너의 목숨을 다해
그 숨을 지키고
그 숨을 간직하라.

누구에게도
그 숨결을 빼앗기지 말라.
언제나 아랫배에
고요히 모아두라.

그것을
잃어버리는 순간,
살아있는 것이 아니라
죽은 것과 같으리니

나의 혼을 받으라.
그날부터 내가 지켜온

불멸의 정신.
생명의 혼불.

나의 살을 먹으라.
내가 너희를 위해
전부를 주었던
사랑의 흔적.

나의 피를 마시라.
너를 위해 버린 나의 삶.
그것이 아니라면
너와 나는 아무런 상관이 없는 것.

거룩한 영을 따라
성화의 삶을 살아가라.
그러면 그날 거기에서
나를 만나게 되리니…

이 말씀을 하시고 그들을 향하사 숨을 내 쉬며 이르시되 성령
을 받으라. John 20:22

94. 나의 주, 나의 하나님

드디어 죽음을 이기셨군요.
우린 진정으로 당신을 알지 못했습니다.
우리는 나와는 다른
하늘의 신만을 추구했습니다.

다시 살아나셨군요.
그 무서운 죽음을 뚫고
그 캄캄한 역사의 무덤을 깨뜨리고
다시 일어나셨군요.

끝까지 승리하셨군요.
내 그러실 줄 알았습니다.
당신이 해내시지 않으면
아무도 해낼 사람이 없습니다.

당신은 마침내
하늘의 역사를 이루셨습니다.
인간의 가능성을
모두 여셨습니다.

우리가 마지막에 걸리는 그곳.
지금까지 아무도

넘지 못했던 그곳을
당신은 마침내 넘으셨습니다.

그곳을 넘어야
하늘에 도달할 수 있는 것이겠죠.
우리도 당신을 따라
그곳을 넘어 가겠습니다.

이제 우리 앞에는
두려움이 없습니다.
버릴 것도 잃을 것도 없는데
무엇이 두렵겠습니까?

원래 아무것도 없었던 것.
무에서 왔으니
무로 돌아가는 것.
이제 당신과 함께 하늘에 오르겠습니다.

도마가 대답하여 이르되 나의 주님이시요 나의 하나님이시니
이다. John 20:28

95. 너희에게 고기가 있느냐

다시 시작하자.
다시 일어서자.
먹고 힘을 내자.
세상이 우리에게 달려있다.

포기란 없다.
역사는 그렇게 쉽게 이루어지지 않는다.
포기하지 않는 자가
승리를 얻는 것이다.

거기까지 하면 되는 것이다.
언제고 우리는 다시 시작할 수 있다.
끝까지 눈을 부릅뜨고
마음을 먹으면 되는 것이다.

그래,
마음먹기가 힘든 것이지
한번 다잡고 시작하면
언젠가 이룰 때가 있는 것이다.

회한의 입술을 깨물며
후회에 젖어 사는 하루와

최선을 다하며 살아가는 삶은
어떤 차이가 있겠느냐?

갈퀴처럼 빈손을 움켜쥐고
하늘을 부끄러워하며
그렇게 죽음을
맞이하기를 원하는 것이냐?

목구멍을 위해
사는 것이 아니라
생명을 위해 살겠다고 출발한
너희의 정신은 어디로 사라진 것이냐?

고기를 좀 잡았느냐?
그렇게 돌아가니
마음이 편하더냐?
거기에서 그렇게 살기를 원하는 것이냐?

예수께서 이르시되 얘들아, 너희에게 고기가 있느냐? 대답하
되 없나이다. John 21:5

96. 오른 편에 던지라

모두가 절망을 애기할 때,
그때 희망을 노래해야 한다.
가장 캄캄한 그때가
가장 빛이 필요한 때이다.

아무것도 보이지 않을 때,
보이지 않는 것을 보는 것은
하늘이 주는 은혜이다.
성령을 받은 사람이다.

다시 시작하자.
고기를 잡고
삶을 노래하고
새로운 꿈을 꾸자.

사랑을 하고
노래를 부르고
그들에게 우리의 삶을
보여주는 것이다.

오른쪽에 없으면
왼쪽에 던지고

앞쪽에 없으면
뒤에서 하는 것이다.

될 때까지
계속하는 것이다.
할 수 있을 때까지
반복하는 것이다.

열이 붙어 안 되면
백이 달라붙고
백이 붙어 안 되면
천이 달라붙는 것이다.

두려움을 이기는 것은
그것을 해치워버리는 것.
버릴 것이 없는 자들에게는
모든 것이 기회인 것이다.

그물을 배 오른 편에 던지라 그리하면 잡으리라 하시니 이에
던졌더니 물고기가 많아 그물을 들 수 없더라. John 21:6

97. 아침을 먹으라

어둠의 밤이 지났으니
새 역사를 열어야 한다.
날마다 시작되는 아침이
처음의 날이 되어야 한다.

매일 새로운 역사를 써야 한다.
날마다 죽고
날마다 사는
부활의 아침을 맞이해야 한다.

얼굴을 씻고
마음을 준비한 자들만이
은혜의 성찬에
참여할 수 있는 것.

떠오르는 햇살을 받아
새롭게 피어오르는
그 생명의 기운을
마셔야 한다.

아침마다 새롭게
출발해야 한다.

더러운 신발을 벗고
옛 허물을 벗어야 한다.

뒤돌아보면서 후회하지 말고
앞을 내다보면서 두려워하지 말고
깨어있는 마음으로
삶의 기운을 느껴야 한다.

밥이 나를 위해 죽음으로
내가 새롭게 태어나는 것.
모든 생명은 누군가의
희생으로 유지된다.

살아있다는 것에 감사하고
먹을 수 있다는 신비를 느끼며
우리에게 주어진 그 순간을
나의 것으로 삼아야 한다.

98. 내 어린 양을 먹이라

나의 일은
여기에서 끝나지 않는다.
누군가가 계속해서
이 역사를 이어갈 것이다.

너 혼자 모든 짐을
다 지는 것은 아니다.
네가 할 수 있는 만큼
하면 되는 것이다.

내가 모든 십자가를
다 질 수는 없다.
그렇다면 너희가
할 일이 없지 않겠는가?

너의 할 일을 남겨두는 것을
감사하게 생각하라.
나는 나의 할 수 있는 일을
하는 것뿐이다.

거기에 희망이 있다.
거기까지 하는 것이다.

세상의 짐을 다 진 것처럼
슬픈 얼굴을 짓지 말라.

하늘이 거기에 있다.
가장 작은 데서
할 수 있는 일을 하는 것.
그것이 자라 꽃을 피울 것이다.

너의 자리에서
작은 희망을 남기고
그들의 가난한 손에
사라지지 않는 꿈을 주라.

빵 한 조각이 아니라
생명의 진리를 먹이고
하늘의 사랑을 먹이라.
네가 할 수 있는 그 한 가지를 하라.

그들이 조반 먹은 후에 예수께서 시몬 베드로에게 이르시되
요한의 아들 시몬아, 네가 이 사람들보다 나를 더 사랑하느
냐 하시니 이르되 주님, 그러하나이다. 내가 주님을 사랑하는
줄 주님께서 아시나이다. 이르시되 내 어린 양을 먹이라. John
21:15

99. 내 양을 치라

광야에서도
해야 할 일이 있다.
하늘만 바라보는 곳에서도
너의 할 일이 있다.

홀로 있으면서도
홀로 있지 않은 것.
홀로 있기에 더욱
깊을 수 있는 것.

내 양을 인도하여
나 있는 곳으로 오게 하라.
분주한 욕망의 도시가 아니라
나의 광야로 오게 하라.

평안함이 삶의
목적인 것이더냐?
그렇다면 무덤이 가장
평안한 곳이리라.

풍요의 삶이 아니라
수행의 삶을 따르라.

엎드려 비는 게 아니라
꼿꼿이 서서 걷게 하라.

손이 닳도록
우상에 빌지 말고
마음의 거친 돌을 갈아
영혼의 거울이 되게 하라.

죽음의 침대에
드러눕지 않게 하고
순례의 도상에서
하늘에 오르게 하라.

그가 앉은 자리에서
아름다운 꽃을 피우게 하라.
자신을 드린 사랑이
생명의 열매를 맺게 하라.

또 두 번째 이르시되 요한의 아들 시몬아 네가 나를 사랑하느
나 하시니 이르되 주님 그러하나이다. 내가 주님을 사랑하는
줄 주님께서 아시나이다. 이르시되 내 양을 치라. John 21:16

100. 내 양을 먹이라

자신의 손으로
일을 하여
하늘의 양식을
먹게 하라.

썩어질 육신이 아니라
영생의 양식을 위해
자신의 삶을
바치게 하라.

받아먹는 것이 아닌
자신의 손으로
심고 가꾸어
스스로 먹도록 하라.

진정한 양식이 무엇인지,
삶의 목적이 무엇인지,
하늘의 뜻을 깨달아
그 길을 걷게 하라.

그렇게 한 영혼을
깨닫게 하는 것이

네가 살아가는
이유인 것이니

그것이 천하보다
귀한 것이며
그것을 위해
네가 숨을 쉬는 것임을 알라.

이제 너를 세상에 보내노라.
앞이 보이지 않겠지만
한발 한발 걸어가다 보면
길이 열리리라.

내가 너와 함께할 것이니
하늘이 너를 도울 것이니
그렇게 하루를 사는 것이
영원을 사는 것이니…

세 번째 이르시되 요한의 아들 시몬아 네가 나를 사랑하느냐
하시니 주께서 세 번째 네가 나를 사랑하느냐 하시므로 베드
로가 근심하여 이르되 주님 모든 것을 아시오매 내가 주님을
사랑하는 줄을 주님께서 아시나이다. 예수께서 이르시되 내 양
을 먹이라. John 21:17

101. 늙어서는

지금까지는 네가
하고 싶은 대로 했겠지만
이제는 내가 원하는 대로
걸어가야 한다.

마지막까지
너의 손을 벌리지 말고
이제는 너의 팔을
벌려야 한다.

두려워하지 말라.
무서워하지 말라.
모두 그렇게
걸어가는 것이다.

버림의 삶이 있고
소유의 삶이 있지만
자기의 삶은
자기가 택하는 것이다.

여기까지 살아왔고
그만큼 살아왔으니

너의 삶에 대한
무슨 여한이 남아있겠는가?

억지로 끌려가지 말고
기쁨으로 걸어가라.
생명의 음성을 높여
순례의 노래를 부르라.

그렇게 살다 가는 것임을
세상에 보여주라.
너를 통해 내가 보이고
나를 통해 네가 보이게 하라.

가장 거룩하고
가장 아름답게
너의 삶이 마쳐지게 하라.
너의 삶을 완성하도록 하라.

내가 진실로 네게 이르노니 네가 젊어서는 스스로 띠 띠고 원하는 곳으로 다녔거니와 늙어서는 네 팔을 벌리리니 남이 네게 띠 띠우고 원하지 아니하는 곳으로 데려가리라. John 21:18

102. 내가 올 때까지

그는 그의 길을 갈 것이니
너는 너의 길을 가라.
집으로 갈 자는 집으로 가게 하고
고기를 잡을 자는 고기를 잡게 하라.

그는 그이고
너는 너인 것이니
머물 자는 머물게 하고
떠날 자는 떠나게 하라.

그는 그의 일이 있고
너는 너의 일이 있으니
너의 길을 찾아
올곧게 걸어가라.

그를 바라보지 말고
나를 바라보라.
내가 걸어간 길을 바라보고
너 자신을 바라보라.

내가 올 때까지
너의 할 일을 하라.

너에게 남겨진
그 일을 하라.

그리하면 아무런 회한 없이
네가 걸어가는 그 길에서
나를 만나게 될 것이니…
내가 다시 오리라.

가장 어두운 곳에
가장 가난한 곳에
내가 거기에
있으리라.

사람은 자기의 일로
자기가 심판을 받을 것이니
지금 마지막이 온다 해도
후회함이 없는 길을 가라.

예수께서 이르시되 내가 올 때 까지 그를 머물게 하고자 할
지라도 네게 무슨 상관이냐 너는 나를 따르라 하시더라. John
21:22

103. 그 제자

그가 나를 부르셨다.
아무도 돌아보지 않고
아무도 찾아오지 않는 땅.
그곳에서 희망을 키우고 있었다.

그는 우리에게
새로운 땅을 보여주셨다.
우리 안에 내재된
신성을 깨우셨다.

거지처럼 구걸하는 것이 아닌
우리 안에 있는 보화를
캐어내게 하셨다.
그때 우리는 눈을 뜨게 되었다.

일생을 바쳐 해내야 하는
그 일을 깨닫게 되었다.
그날은 우리의 눈이 열리는
처음의 날이었다.

우리를 통해
그의 계시가 흐르고

우리는 생명의 강이
될 수 있었다.

목숨을 걸고
해내야 하는 일은
세상에서 가장
멋진 일이었다.

그는 자기가 먼저
그 길을 걸어가셨다.
아무도 그 길을
걸어가지 않았다.

그의 관심은
사람의 반응이 아니었다.
자기가 삶을 바쳐 해내야 되는
하늘이 내려주신 일이었다.

이 일들을 증언하고 이 일들을 기록한 제자가 이 사람이라. 우
리는 그의 증언이 참된 줄 아노라. John 21:24

104. 그가 행하신 일

그를 통해
평화의 강이 흐른다.
그가 흘린 사랑의 피가
나의 가슴을 적신다.

그렇게 살다
가야 하는 것이다.
아무런 후회함이 없이
삶을 불태우는 것이다.

그와 함께한 모든 사람이
이렇게 눈물을 흘린다.
그 눈물이 흘러
구원의 강이 된다.

그 강에 몸을 씻고
다시 믿음의 자리에 앉는다.
날마다 다시
새롭게 출발한다.

수많은 사람들이
자기의 자리에 앉지만

그들은 무슨 생각을
하고 있는 것일까?

하나 안에서
우주를 보고
그 안에서
역사가 일어난다.

그의 삶이 나의 하늘에서
사랑의 고백이 된다.
내 입술에서
생명의 노래가 된다.

하나가 세상보다
무거운 것이 있고
한 가지 일이
세상을 덮는 것이 있다.

예수께서 행하신 일이 이 외에도 많으니 만일 낱낱이 기록된
다면 이 세상이라도 이 기록된 책을 두기에 부족할 줄 아노라.
John 21:25

에필로그(Epilogue)

당신을 따라 길을 걷습니다.
영원을 향한 순례를 떠납니다.
집착을 버리니 하늘이 내려오고
소유를 넘어서니 자유가 시작됩니다.

아, 당신은 언제나
거기에 계셨습니다.
당신이 나를 버림이 아니요
내가 당신을 버렸습니다.

잠깐 세상에 왔다가
다시 당신께로 돌아가니
당신이 나의 시작이요
당신이 나의 주인입니다.

내가 이렇게
당신을 따름은
욕망의 성취가 아닌
나 자신을 해체하기 위함인 것.

오늘도
그 연습을 시작합니다.
아, 행복입니다.
거룩한 길을 걸어갑니다.

당신이 내 안에 있고
내가 당신 안에 있습니다.
아무것도 더 이상 내게
필요하지 않습니다.

난 너무
많은 것을 가졌습니다.
가진 것이 너무 많아
떠날 수가 없습니다.

하룻밤 머무는 그곳에
나의 육신을 누이고
그리고 새벽에 일어나
다시 길을 떠납니다.